Poesía en Balance

La serie Orloj: Vol. V

Erasmus Cromwell-Smith II

Poesía en Balance
© Erasmus Cromwell-Smith II

ISBN:
Editorial: RCHC LLC
Editor: Elisa Arraiz Lucca
Diagramación:
erasmuscromwellsmith
Impreso en USA, 2024

Books written by the author

<table>
<tr><td>

In English,

As Erasmus Cromwell-Smith II:

The Equilibrist series,

(Inspirational/Philosophical)
- The Happiness Triangle (Volume 1).
- Geniality (Volume 2).
- The Magic in Life (Volume 3).
- Poetry in Equilibrium (Volume 4)

The Orloj, series

(Young Adults)
-The Orloj of Prague (Volume 1).
-The Orloj of Venice (Volume 2).
-The Orloj of Paris (Volume 3).
-The Orloj of London (Volume 4).
- Poetry in Balance (Volume 5).

</td><td>

En Español,

Como Erasmus Cromwell-Smith II:

La serie del Equilibrista,

(Inspiracional/Filosófico)
- El triángulo de la felicidad (Volumen 1).
- Genialidad (Volumen 2).
- La magia de la vida (Volumen 3).
- Poesía en equilibrio (Volumen 4).

La serie del Orloj,

(Jóvenes Adultos)
- El Orloj de Praga (Volumen 1).
- El Orloj de Venecia (Volumen 2).
- El Orloj de Paris (Volumen 3).
- El Orloj de London (Volumen 4).
- Poesía en Balance (Volumen 5).

</td></tr>
<tr><td>

As Erasmus Cromwell-Smith

The South Beach Conversational Method,

(Educational)
- Spanish
- German
- French
- Italian
- Portuguese

</td><td>

Como Erasmus Cromwell-Smith II

El Método Conversacional South Beach,

(Educacional)
- Inglés,
- Alemán
- Francés
- Italiano
- Portugués

</td></tr>
</table>

The Nicolas Tosh Series,

(Sci-fi)
- Algoritm-323 (Volume 1)
- Tosh (Volume 2)

As Nelson Hamel (*)

The Paradise Island Series,

(Action/Thriller)
- Miami Beach, Paradise Island (Volume 1)
- Miami Beach, Dangerous Lifestyles (Volume 2)
- White Spaces at Lake Erie (Volume 1) (Sci/fi)

(*) in collaboration with Charles Sibley.

All titles are or will be available in audiobook.

Nota del autor

Al escribir la serie El Orloj, mi intención ha sido crear versos ingeniosos que sean sencillos y fáciles de entender. El énfasis está en el mensaje para no perder al lector en las complejidades tradicionales, en las métricas e incluso en las abstracciones incomprensibles de la poesía tradicional. A través del arte que habla a todos, busco provocar emociones y al mismo tiempo provocar reflexión. Versos que saltan con facilidad de las páginas de un libro, cautivando el corazón de cualquiera. Al escribir verso libre como si fuera una conversación significativa entre amigos mi objetivo fue romper la apatía o predisposición común hacia la poesía en general. Sobre cada tema me hice muchas veces las siguientes preguntas:

—¿Me apasiona lo suficiente este tema?

—¿Mi visión sobre el tema es de alguna manera diferente a la norma?

—¿Puedo articularlo a través del arte?

—¿Me he formado lo suficiente sobre cada fuente de inspiración en particular?

—¿Puedo escribir algo que sea interpretado y experimentado en diferentes dimensiones?

—¿Puedo componer poesía versátil que sea tan ligera o profunda como el lector quiera?

—¿Puedo crear un verso que inspire, impacte e incluso sane a otros?

Si las respuestas a todas estas preguntas eran afirmativas, me embarcaba en viajes meditativos e introspectivos en busca del próximo momento mágico y creativo. A partir de entonces, la visualización junto con la sensación del tema desencadenó torrentes de palabras que se convirtieron en un poema, una fábula, un ensayo o un garabato.

La poesía, las fábulas y los cuentos de la serie El Orloj dibujan un círculo de vida, cubriendo un terreno existencial que aporta un enriquecimiento inspirador, emocional y espiritual a una vida que de otro modo sería mundana. "Poesía en balance" está dedicado a todos aquellos amantes de la poesía que quieren experimentar la prosa de la serie sin un argumento o una trama que la enmarque. Como regalo especial, al final del libro he incluido un conjunto de poemas de ciencia ficción, de naturaleza existencial, como reflejo del enigma y la intersección entre la tecnología, la inteligencia artificial y la humanidad.

Erasmus Cromwell-Smith II.

La debilidad en el insultar a otros

Insultamos cuando nos sentimos menos que otro
o por la situación que enfrentamos.

Aun cuando en la superficie
los peyorativos parecen estar dirigidos a otros,
lo que en realidad reflejan,
es enojo con nosotros mismos,
originando sentimientos de inferioridad,
quizás frustración debido a nuestras incapacidades,
simplemente falta de preparación
o en momentos donde nos percatamos
de nuestra propia mediocridad.

También insultamos a otros
por miedo a ser desplazados o reemplazados
o que nuestras flaquezas se pongan en evidencia
o nuestras inseguridades por perder o no prevalecer.
Tratamos de hacer sentir inferiores a otros
cuando artificialmente buscamos sentirnos superiores a ellos
cuando en realidad los vemos mejores a nosotros.

En un último análisis lo que realmente
estamos haciendo es insultarnos a nosotros mismos
en el espejo de nuestra conciencia,
donde tratamos en vano de creer
que en él vemos un reflejo de otros,
cuando en realidad es solo nuestra imagen
la que nos mira de vuelta
y no la de nadie más.

La Paciencia

El saber cómo y cuándo esperar,
son la esencia de la paciencia.

La paciencia nos permite
contemplar todo en cámara lenta
tomar las cosas con calma,
y controlar comportamientos abruptos e impulsivos.

La paciencia es una cualidad de nuestro carácter
y temperamento,
que requiere de,
mucha sabiduría,
profunda madurez,
absoluta paz interna
y calma total.

La paciencia es una virtud
que nos provee
con la mayor probabilidad
de acertar el momento oportuno,
con todos y para todo.

La paciencia es la mejor herramienta existencial
para enfriar y pensar las cosas bien
antes de actuar sin pensar lo suficiente,
permitiéndonos quizás
darnos cuenta de los errores o fallas
antes de que estas ocurran.

La paciencia es
un lapso deliberado de tiempo,
entre las ganas de actuar y entrar en acción,
apurarse o actuar pausadamente,
ganar o perder,
estar felices y contentos
o arrepentidos sin una segunda oportunidad.

Cuando estamos asaltados o inundados
por la impaciencia,
es sabio recordar que, en la naturaleza,
inexorablemente la mañana llegará,
inevitablemente la noche vendrá a seguidas,
ineludiblemente el sol saldrá de nuevo
y se pondrá al final del día,
una y otra vez sin parar,
siempre moviéndose
al son y al latido de la naturaleza.

En el universo
todo pasa en el momento adecuado
ni una fracción de segundos antes
ni otra después.

Siempre hay una razón
cósmica o divina
para que el tiempo se comporte de esta manera.

Pero, sobre todo,
la naturaleza en su esencia no puede ser alterada
mucho menos presionada o forzada a nada.

Por lo que la paciencia
es un requisito existencial
al cual seguimos y buscamos:
en el latido, el paso, el tictac,
el ritmo y el pulso
de la vida misma,
la naturaleza, el cosmos
y el universo como un todo.

Un mundo patas para arriba

—¡Nada funciona en este lugar! —Protesta la joven.

—Eso es obvio, pero sin embargo no es lo que piensas, —profesa su mentor.

—¿Por qué no puedo abrir puerta alguna? —ella pregunta impaciente.

—Ciérralas primero, —le responde prontamente su mentor.

—¿Y qué hay con lo de subir escaleras? —ella pregunta incrédula.

—Primero las tienes que bajar, —le confirma su mentor, mostrándole paciencia infinita.

—¿Cómo puedo hacer eso sin haberlas subido primero? —la joven pregunta totalmente ofuscada.

—Eso es algo que tienes que descubrir por ti sola.

—No puedo, estoy paralizada, —ella declara sonando un poco perturbada.

—En efecto, así es como pareces estar, —confirma el mentor con tono resignado.

—No sé qué hacer, —ella declara ahora totalmente perdida.

—De hecho, saber que no sabes, es una creencia por si sola, —le explica el mentor tratándola de orientar hacia el camino de la sabiduría que es lo que realmente está detrás de todo lo que le está sucediendo.

—Tengo hambre, —ella declara tratando de evadir su predicamento.

—Aquí, la única manera de satisfacer el hambre es no comiendo, —clarifica su mentor una vez más, sin ninguna lógica aparente.

—¿Qué clase de lugar es este? —Ella pregunta desafiante.

—Uno donde nada es lo que parece, —responde su mentor mientras mantiene su rumbo.

—Estoy cansada de sus juegos tontos, me voy a tomar una ducha, —la joven balbucea desalentada, aun cuando trata con todas sus fuerzas de poner una cara valiente.

A seguidas tiene lugar un silencio obvio y ajeno.

—Espere un momento, ¿no me diga que para echarme una ducha simplemente no debo hacerlo primero? —masculla la joven de manera retórica consigo misma.

—La sabiduría de lo absurdo ha empezado a bendecirte mi joven aprendiz, —un aliviado mentor reconoce, ante el progreso repentino de su pupila.

—Me alegra mucho que lo vea de esa manera, porque lo que siento en estos momentos es rebeldía, sarcasmo y frustración, —se desahoga la muchacha.

—Todo lo que estás haciendo es rechazar el cambio, —le puntualiza el mentor haciendo más énfasis en el punto de discusión.

—¿Y esta conversación cómo es que está ocurriendo entonces? —Pregunta sarcásticamente la joven.

Su sordera cínica es finalmente puesta al descubierto.

—Oh, ya lo entiendo, en realidad esta conversación no está teniendo lugar, simplemente no existe, —ella dice creyendo y percatándose de ello.

—No, por el contrario, de hecho, si lo está, —le afirma el mentor corrigiéndola una vez más.

—¿Qué quieres decir? Estoy totalmente confundida, —ella alega percatándose que no sabe realmente qué hacer.

—Nuestra conversación es real, lo que pasa es que es una anti-conversación, —asevera el mentor, mientras la lección casi que inexorablemente empieza a calar en ella.

—Todo esto es muy irritante, —la joven protesta, pero ya sin convicción.

—Lo que te está enervando, es que aquí nada es como esta supuesto a ser o igual a lo que estás acostumbrada. Los cambios te hacen sentir tan incómoda que te opones a ellos, no deliberadamente sino visceralmente, —le aclara su mentor, presintiendo que finalmente tiene toda la atención de su pupila.

—Mentor, pienso que usted todavía no ha captado el hecho de que soy una persona totalmente escéptica a todo y todos por naturaleza, —expresa en desacuerdo la joven, pero con poca convicción.

—No, ese es un problema aparte. Además de miedo al cambio estás revuelta por dentro porque ves al mundo de cierta manera. Tienes un conocimiento prescrito de cómo funciona todo. El darte cuenta de que esa creencia es falsa te pone patas para arriba. Tus mecanismos de defensa y aun tus instintos de supervivencia, todos entran en juego y tu reacción natural es negar y rechazar todo aquello que desacredita o pone en tela de juicio tu visión de la verdad y tus valores, —añade su mentor, mientras ella asiente con la cabeza por primera vez con una expresión de acuerdo hacia sus palabras.

—¿Por qué estoy irritada entonces? —Ella pregunta ahora con genuino deseo de aprender.

—Porque te sientes incorrecta o inadecuada ante situaciones y personas, lo que te pone en una situación de inferioridad frente a las circunstancias en que te encuentras. Es así como tu reacción de disgusto o irritación no son sino un escudo protector, un mecanismo de defensa. Tus sarcasmos y escepticismo son solo reflejos de lo mal que te sientes contigo misma. Por ello, reaccionas criticando e insultando a otros; tristemente haces esto a partir de sentimientos de inferioridad y frustración contigo misma, ya que rechazas el cambio y sobre todo el sentirte inadecuada.

El mozalbete y el león

A lo largo del rio Zabezi camina el mozalbete de Zimbawe. El repentino rugido lo paraliza del miedo. Tras su espalda el poderoso león tiene a su presa exactamente donde la quiere.

Un segundo rugido ocurre, más calmado y deliberado, como en cámara lenta.

Kunte percibe al león, la tensión crece, 'Está listo para atacar', piensa para sus adentros

Kunte se vuelve lo suficiente para ver la mirada feroz del rey de la selva.

Es en ese preciso momento que las palabras de Yeti, el brujo de la tribu, tienen su efecto.

"Kunte, la clave para establecer una relación con las bestias salvajes es controlar tus miedos y demostrar humildad."

Mientras mira al león, el joven lentamente inclina su cabeza, ofreciéndole sus más profundos respetos.

El efecto es inmediato, el león parece relajarse.

A seguidas y para gran sorpresa de Kunte, sin quitarle la vista al mozalbete, la magnífica bestia se acuesta con toda comodidad en el piso.

Habiendo escuchado los rugidos, Yeti se teme lo peor, así que corre desesperado a través de la selva, en busca de su adorado pupilo.

Al acercarse al rio allí los ve en la distancia, mirándose el uno al otro, el mozalbete y el león.

La bestia inmediatamente siente la presencia de Yeti y se vuelve hacia él.

Los ojos frenéticos de miedo del hechicero se cruzan con los ojos calmos del poderoso animal.

El león se pone tenso y se levanta. Un rugido aterrorizante tiene lugar.

Yeti se detiene en seco y se prepara para lo peor, ya que está en la mira del animal salvaje.

Allí es cuando algo extraordinario y hasta mágico ocurre.

Kunte da un paso hacia adelante y el león inmediatamente se vuelve hacia él.

El lenguaje del cuerpo del león denota que está a punto de rugir con toda su fuerza, su cabeza y mandíbula se mueven de acuerdo a ello, pero ningún sonido emana del león.

Con su cabeza todavía inclinada y su brazo extendido como tratando de alcanzar algo, Kunte continúa acercándose paso a paso al poderoso rey de la selva.

Yeti, el viejo hechicero, está sobrecogido de la emoción y un par de lágrimas corren por sus mejillas, mientras ve con asombro como Kunte, solo un mozalbete, primero acaricia, luego abraza y finalmente besa al bello y magnifico león, Rey de la Selva.

El joven aprendiz y el sabio piloto de cometas

Con los picos nevados de los Himalaya sirviendo de trasfondo, el sabio piloto de cometas aun cuando inquieto e incómodo, demuestra, sin embargo, la atención y concentración de un buen y experimentado observador. Lleva el pelo blanco bien corto, su cara redonda denota un incipiente bigote. Su boca es mínima con labios que casi no se ven y proyecta ojos llenos de serenidad y sabiduría.

El joven aprendiz por su parte vuela la cometa con colores brillantes, por todo lo alto.

En un día claro y espléndido la cometa revolotea por todo lo alto, llevada por los vientos de Anapurna asciende y desciende frenéticamente, en todas las direcciones posibles, a la merced de su diminutivo conductor.

—¡Nunca es lo suficientemente rápida! —masculla el jovenzuelo con el ceño fruncido.

Súbitamente los vientos de la toda poderosa montaña llegan con fuerza incontenible y el espectáculo se acaba en un instante.

—Otro petardo, —protesta el muchacho del Nepal, al recoger su destrozado objeto volador hecho del febril papel maché.

Erguido y firme en las escalinatas de su modesta residencia el sabio piloto no está nada contento.

El joven aprendiz llega corriendo y se sienta en el piso de piedras mugrosas, junto a su mentor.

—Déjame echarle un vistazo a lo que queda de tu cometa, —le dice el sabio piloto.

Con gran pericia y precisión, a un ritmo asombroso el sabio artesano corta y pega, ajusta y arregla. Y en un abrir y cerrar de ojos, deja la cometa lista para volar de nuevo.

El joven aprendiz inclina su cabeza en señal de respeto y gratitud, ante lo que, de todas maneras, todavía es un rostro y gesto severo, de parte del viejo maestro.

Poco después, la majestuosa cometa remonta vuelo nuevamente, más alto y rápido que nunca y se desplaza con facilidad a través de los vientos de la llamada montaña de los cielos, dibujando perfectas trayectorias elípticas y anchos círculos que va dejando atrás en su estela.

Pero una vez más, el jovenzuelo no sonríe, mucho menos su mentor.

—Todas las cometas de esta villa o bien son más rápidas o son mejores que la mía, —balbucea hablando consigo mismo.

—Además, para todos nosotros, los niños de este pueblo, volar cometas, es una pérdida de tiempo en contra de los vientos de la montaña indomable.

Proféticamente, una nueva corriente de viento se apodera del cometa.

—Tenzing ven para acá, —exclama exuberante el viejo sabio.

Después de recoger su aparentemente destruida cometa, el joven aprendiz corre hacia la casa de su mentor.

—¿Cuál es el problema con ese espíritu constantemente insatisfecho tuyo?

—Mi cometa está inservible, —responde el jovenzuelo del Nepal.

Parado al lado de su inerte objeto de valor, el cual esta tirado en el piso, el joven aprendiz tiene una expresión de frustración.

—Ya veremos acerca de eso, —dice el sabio piloto quien, con un par de movimientos magistrales, desenreda y toma el control de las líneas que sujetan la cometa caída.

A seguidas, da un par de pasos hacia adelante y la cometa levanta nivel hacia el cielo, en un instante.

Como una flecha, penetrando en el aire, la cometa parece volar a la velocidad de la luz, en ángulos que desafían la gravedad, en círculos arriesgados y peligrosos, vueltas invertidas, ascensos verticales de elevador, y simulaciones de vuelos que parecen verdaderos relámpagos.

—¿Cómo puede hacerlo? —Pregunta el joven nepalés, mientras el sabio piloto continúa haciendo maniobras y piruetas de toda índole.

Finalmente, el sabio piloto aterriza la cometa.

—Recógela, pupilo y sígueme.

Con la cometa en su hombro, la cola arrastrándose por el piso con los vientos gélidos de Anapurna, ahora galopando salvajes, el joven Sherpa camina al lado de su sabio mentor y piloto. Ambos se dirigen al templo en la montaña, donde todos los días sus sesiones de tutelaje tienen lugar.

—Tenzing te perdiste el magnífico vuelo de tu cometa, —observa el viejo sabio.

—En los confines de tu mente, estabas tan concentrado en las imperfecciones de tu magnifico artefacto volador, que no disfrutaste el gozo y la dicha del espectáculo en el aire, estos simplemente se te escaparon por completo, —el sabio piloto añade.

—Maestro, ¿qué debo hacer entonces? —Pregunta perplejo el joven aprendiz.

—No te preocupes más por las cosas que no tienes, por el contrario, sea lo que sea, enfócate únicamente en lo que tienes, —responde su mentor.

—Con tus protestas interminables, no estás disfrutando ni la faena, ni el viaje, —le dice.

El viejo sabio camina pensativo.

—Mira hacia arriba, —dice y el joven aprendiz reacciona de inmediato en obediencia.

—¿Ves el cielo glorioso y sin nubes?

—Un regalo, un privilegio a ser disfrutado. Mientras avanzamos en la vida, hay que estar pendiente de lo que sucede a nuestro alrededor, fijarnos en lo que nos rodea mirando no solo hacia adelante sino hacia atrás y a los lados. Esto nos permite ver los tesoros existenciales que nos rodean y nos trae grandes recompensas.

—Tenzing, ahora respira profundo, —ordena el viejo mentor.

El jovenzuelo hace lo que le dicen llenando sus pulmones de aire fresco.

—Ves, mientras discutes, protestas, y se te salen las venas de la rabia, ni siquiera inhalas suficiente oxígeno para llenar de vida a todo tu ser, —observa el sabio tutor.

El joven nepalés baja su cabeza de la pena y vergüenza que siente. Pero el sabio mentor no ha terminado todavía.

—Mi querido pupilo, siempre encuentras la manera de compararte o comparar lo que tienes: Las cometas de otros siempre vuelan mejor que las tuyas. Siempre aspiras, deseas y hasta envidias lo que los otros tienen, con lo cual siempre estás no solo permanentemente insatisfecho sino también perenne y profundamente infeliz, —declara el sabio piloto mientras reflexiona como en un trance.

—Pero hay otro mal que te aflige y te come por dentro, incluyendo y afectando tu alma y espíritu. Y son las excusas y más excusas, hoy culpaste a los vientos de la montaña, cuando en realidad lo que hiciste fue tratar de excusar tu falta de destreza y práctica.

—Tus habilidades para volar la cometa están estancadas, denigras de tu cometa tanto y tan a menudo, que nunca estás en una posición de sacarle su mejor provecho. Te quejas y protestas con tanta frecuencia cuando la estás volando, que dejas de estudiarla, aprenderla y practicar con ella, las cuales son las únicas formas de avanzar y progresar en la vida. Por ello no mejoras como piloto de cometas. Tu falta de maestría y dominio es una consecuencia de tu falta de esfuerzo, lo cual te condena a una vida llena de mediocridad, —añade el emocionado viejo sabio.

—Acabo de volar tu cometa, ¿cuál fue la diferencia ente tú y yo? Al fin y al cabo, es la misma cometa, el mismo clima y lugar, —pregunta con sabiduría imperecedera el sabio mentor.

—Usted estaba totalmente enfocado en el momento, por lo que extrajo lo mejor de sí del cometa, —responde el joven aprendiz.

—Exacto, —reconoce exaltado el viejo sabio.

—Usted gozó y disfrutó el vuelo, la cometa, el entorno y sus alrededores, pero, sobre todo, usted se deleitó con el viaje, aun cuando estaba consciente que ninguna de esas cosas era perfecta, —dice de repente inspirado el joven aprendiz.

—¡Magnifico, excelente! —Declara jubiloso su mentor.

—Usted tampoco les presta atención a las apariencias, ni a las cometas que otros pudieran tener, mucho menos al mal clima. —añade el joven aprendiz con una sonrisa.

—Joven aprendiz, ahora si estas listo para convertirte en un maestro de aquello que amas en la vida. Anda ve y disfruta tu cometa, —declara el sabio piloto.

El joven nepalés se va corriendo con su cometa. Cuando está listo la suelta y la deja volar hacia lo alto en el cielo, la pilotea con destreza, la lleva con maestría y precisión, pero su mayor triunfo es que en su cara tiene la más amplia y feliz de las sonrisas, la cual rima y calza perfectamente con el momento extraordinario que está disfrutando y viviendo al volar su cometa frente a su viejo mentor y maestro, el sabio piloto de cometas.

El viejo y la madre naturaleza

Al empezar un nuevo día
entre los picos afilados
de las montañas nevadas,
el sol sale por el horizonte.

El viejo camina con desgano
subiendo la montaña
protestando con cada paso que da.

Cada hueso de su cuerpo
craquea con chasquidos
de dolor en cada movimiento.
Durante su lento ascenso
lo rodea un bellísimo bosque
mientras sigue una senda
que zigzaguea, al parecer, infinitamente.

La pronunciada subida a través de los arboles
repentinamente se abre
al dejar el follaje atrás,
el panorama es ahora una meseta
con picos de montaña de fondo.

El terreno está repleto
de flores salvajes y grama a nivel de rodilla,
el camino ascendente
ahora está lleno de piedras sueltas.

Arriba en el cielo no hay una sola nube,
sino intensos y esplendorosos tonos de azul
actuando como su techo celestial.
La cima de la montaña es su recompensa
por el esfuerzo que ha realizado
por más de cuatro horas.

En el tope de la montaña hay un lago azul,
en él cae una larga y estrecha cascada
que lo enmarca y embellece aún más.

A sus espaldas se puede ver a lo lejos
el área donde empezó el ascenso horas atrás.

Las vistas alpinas panorámicas
le permiten ver también en la distancia
la imagen borrosa de su pueblo,
millas y millas abajo en el valle.

—Me falta la respiración
y tengo la boca tan seca que apenas puedo tragar,
—anuncia el viejo aparentemente hablando solo.
—Además, mi nariz gotea
y mis ojos llorosos están tratando de decirme
que mis alergias están fuera de control,
—continúa hablando aparentemente consigo mismo.

Mientras continua hacia la cima,
es allí, como siempre sucede,
que la voz de trueno le llega de improviso
y sus ondas sonoras
se esparcen por todos lados.

—¿Te gustó el aroma del bosque al subir?
—Le pregunta la madre naturaleza
al viejo escalador.
—Es el mismo de siempre, pero en este momento
lo que estoy es falto de aire
y afectado por las alergias de verano,
—responde con voz malhumorada.
—Lo cual está compensado
por un día magnífico
con los colores espectaculares
de las flores, las mariposas, las hojas de otoño
y el cielo despejado a tu alrededor,
—replica la naturaleza.
—Prediciblemente dices lo que se puede esperar de ti,
pero de qué me sirve tanta belleza
si no la puedo disfrutar,
—es la respuesta sumaria del viejo.
—Y ¿qué hay de los sonidos del viento y sus silbidos
al batir las ramas de los árboles del bosque,
o los pájaros al cantar,
o los sonidos cristalinos del pequeño riachuelo
al correr aguas abajo
o los traviesos saltamontes,
al parecer miles de ellos,
todos miembros de una orquesta al aire libre?
—argumenta la madre naturaleza.
—¿Qué quieres de mi madre naturaleza?
no ves que estoy pasándola mal,
o es que acaso pretendes
que mágicamente ignore todo,
especialmente cómo me siento

y solo piense acerca de las cosas
agradables en la vida, —responde
el exasperado viejo.
—Precisamente eso es lo que espero de ti,
hombre privilegiado, —declara la naturaleza
de manera firme y severa a la vez.
—Tu buena salud, fuerza y aguante
han hecho posible que escales
este terreno difícil y desafiante
hasta su cima misma,
—argumenta la naturaleza.
—Porque no me dejas solo
con mis penas y mal humor,
no me vas a persuadir a que me anime,
cuando no me siento así.
—Te has ganado el privilegio
de estar parado en una cima del mundo,
teniendo como marco vistas panorámicas extraordinarias,
todas a tu alrededor.

Y, sin embargo,
has encontrado la manera
de sentirte infeliz e insatisfecho al respecto,
peor aún, no estás agradecido por ello,
—dice la madre naturaleza con voz estricta y solemne.

El viejo permanece callado
tratando de demostrar indiferencia.
Pero sus ojos están atentos
y a la vez parecen casi que suplicarle
a la madre naturaleza,
que no lo abandone y se vaya.

—Viejo refunfuñón, ¿qué ocurriría
si el aire que respiras y que yo te proveo,
cada segundo que estás vivo,
desapareciera de repente?
¿Qué sucedería si
los océanos, ríos, lagos, manantiales y pozos
se secarán en un instante?
¿Qué acontecería si
el escudo protector de nuestro planeta,
la capa de ozono,
se desvaneciera en una fracción de segundo?
¿Por qué das por sentado
que la enorme cantidad de bendiciones
y regalos de este tipo
que recibes todos los días,
van a continuar para siempre?
Tú, tienes una obligación existencial
en devolver a la vida y a otros,
por el privilegio que tienes al estar vivo,
—declara la obviamente ofuscada la madre naturaleza.
Los ojos del viejo escalador están llenos de intensidad,
mientras escucha cada palabra.
De repente, él dice:
—¿Y cómo hago eso?
—En la vida tenemos un deber existencial de retribuir
para merecernos el disfrute de estar vivos,
por ello hacemos lo que está prescrito
y se requiere de nosotros como miembros del universo,
y se empieza con el estar eternamente agradecidos
simplemente por estar vivos,
—continúa la madre naturaleza.

—Algunas veces nos toca recibir y en otras dar,
—declara la naturaleza con profunda sabiduría.
—Tu generosidad me hace sentir incomodo,
cuando te tengo a mi alrededor,
—responde el viejo.
—¿Quizás culpable? —le discute la naturaleza.
—¿Qué diablos importa cómo me siento?
—Pero dime, por favor,
¿cómo puedes hacer tanto
como lo que haces,
sin recibir o pedir nada a cambio,
por tus buenas acciones?
—El viejo incrédulo le pregunta.
—Eso es precisamente lo que es ser generoso.
Se trata de dar a otros lo que recibimos.
Pero ser generoso o dadivoso no es una alternativa,
es un deber.
Nuestras obligaciones existenciales
se acumulan a lo largo del tiempo,
mientras seamos y permanezcamos
como beneficiarios
del privilegio de habitar en el planeta tierra,
—añade la madre naturaleza.
—Se gentil y jovial cada día de esta vida que disfrutas,
y haz de tu meta existencial el devolver
mucho más de lo que recibes.
No me hagas cambiar de idea
y que decida dejar de proveerte
todas las cosas que requieres para estar vivo.
Mi generosidad no conlleva
ninguna obligación de tu parte,
nunca pido nada a cambio

por las cosas que doy.
Por lo cual,
¿por qué no haces lo mismo a tu vez
y además lo haces con creces también?

Los tres panaderos de Bavaria

Érase una vez tres panaderos en la ciudad de Fürstenfeldbruck, cerca de Múnich, en la pistoresca región de Bavaria, al sur de Alemania. Dieter, Kurt y Helmut eran amigos de la infancia y empezaron a hornear desde una temprana edad ya que el mejor hornero de la ciudad, Hans Neumann, el padre de Dieter, les sirvió de maestro y ejemplo. Neumann creaba sus mejores recetas y nuevas creaciones en secreto en su casa, en una edificación separada donde mezclaba y preparaba sus pastas mágicas. Su laboratorio de hornear siempre estaba atiborrado con todas las herramientas, utensilios e ingredientes que utilizaba, incluyendo un enorme horno desde el cual emanaba constantemente el olor mágico de las delicias de repostería, pastelería y panadería recién horneadas.

Antes o después de clase, los tres niños curiosos se asomaban por la ventana para observar al gran maestro panadero Neumann cuando trabajaba en su laboratorio de repostería y salían corriendo cada vez que él se daba cuenta que ellos estaban allí. Pero el dulce aroma de todo tipo de panes, pasteles, tartas y tortas siempre los hacía regresar. El panadero siempre estaba consciente de su presencia y los dejaba estar. No solo le divertían las travesuras de los tres niños al jugar a las escondidas, sino que, aún más importante para él, la persistencia del trío le aseguraba un genuino interés en el oficio de panadero.

Un buen día, cuando sintió que estaban listos para ello, repentinamente se volvió y los miró fijamente, sin previo aviso y fuera de guardia, mientras fisgoneaban desde la ventana.

—No tienen por qué esconderse, —les dijo el señor Neumann desde su mesa de trabajo al trío de ocho añeros. —Entren, no tengan pena, —les instó y el grupo de sorprendidos jovencitos le hizo caso de inmediato.

Y el panadero no los defraudó. Pocos instantes después les ofreció a probar pedazos de los mejores tartas, tortas y pasteles. Ninguno de ellos había probado en sus cortas vidas manjares tan deliciosos.

Al principio, los sentaba a que lo vieran trabajar, pero a la medida que pasó el tiempo, empezó a explicarles, paso a paso, no solo en qué consistía hornear y lo que estaba horneando, sino también cómo lo estaba haciendo. A seguidas, los empezó a involucrar en lo que hacía hasta que aprendieron a hornear por sí solos.

Prediciblemente, los tres se convirtieron en panaderos: Dieter en maestro pastelero ofreciendo las mejores confituras y dulces de la ciudad, Kurt se convirtió en el mejor panadero del lugar, ofreciendo más de cien tipos de panes distintos en su negocio y Helmut se hizo famoso en toda la región por su gran repostería, en particular las tartas y tortas de bodas que no tenían comparación alguna.

Desafortunadamente el éxito de cada uno también marcó el fin de la amistad entre ellos, ya que se volvieron feroces competidores y rivales en su oficio y negocios.

Kurt (El Panadero)

—Kurt, no hay mejor pan en toda Bavaria que el suyo, —le dice María Schmidt, una cliente habitual, alabando la gran variedad de panes ofrecidos por él en su famosa panadería. —Y el aroma del pan recién hecho es como ninguno. Cada vez que estoy cerca lo siento y me muero por entrar, —añade la señora Schmidt.

—Estoy de acuerdo, no hay mejor panadero en el sur de Alemania. Adoro su pan negro, suave y caliente por adentro, crujiente y tostado por afuera. Una rebanada de pan con mermelada natural y un pedazo de queso Emmenthal es como estar en el cielo, —dice Claudia Hoffbecker otra de sus leales clientes.

—Gracias por sus comentarios, pero no me los merezco, —responde cortésmente Kurt, aunque su mente está en otro lugar.

—De qué sirve ser el mejor panadero de la ciudad cuando la pasión y sobre todo las ganancias de este negocio están en hacer tortas y pasteles, —protesta Kurt refiriéndose a los negocios de Dieter y Helmut.

Helmut (El Repostero)

Como es usual, la larga cola da la vuelta a la esquina con mucha gente esperando para sentarse y disfrutar de las tortas de la cafetería de Helmut.

—Cada semana, los sábados, manejamos desde Stuttgart para disfrutar sus manjares. Las tortas de Helmut nos fascinan, —dice con pasión Birgitte Müller.

—Y nosotros compramos dos y tres cada vez para llevarnos algunas a casa, pero nada se compara con disfrutarlas aquí en el café cuando están recién hechas, apenas salidas del horno, —dice Angela Schlusche a su gran amiga.

Helmut contempla a sus clientes desde las ventanas de su oficina, esperando pacientemente en fila para poder sentarse en el café de su repostería. Sin embargo, su rostro no refleja satisfacción o alegría.

—De qué sirve tener tanta lealtad de parte de mis clientes si todo el dinero se hace en el pan y los pasteles, —se lamenta Helmut refiriéndose a los negocios de Kurt y Dieter.

Dieter (El Pastelero)

Mientras Ulrich disfruta de un "Rote Grutze" con abundante crema blanca, Franz está deleitando el aun caliente "ApfelStrudel", mezclado en su boca con un poco de helado de vainilla.

—Hola Dieter, mi admirado artesano pastelero, dime, ¿tus rivales, Helmut el panadero y Kurt el rey de las tortas son mejores que tú? —Le pregunta muy en serio su viejo amigo Ulrich.

—No, de ninguna manera, de hecho, todos somos muy buenos en cada una de nuestras especialidades, —Dieter responde.

—Entonces cual es la naturaleza del problema entre ustedes? —Pregunta su otro amigo Franz.

—Helmut y Kurt sufren de la misma aflicción. No saben cómo disfrutar de su éxito, porque, entre otras cosas, pasan la mayor parte de su tiempo criticando lo que hacen otros, y aún peor, viven comparándose y envidiando lo que los demás tienen y ellos no, por lo que nunca son felices, —Dieter reflexiona con profunda sabiduría.

Cada uno de los tres amigos de la infancia han logrado gran éxito por sí solos. Todos disfrutan de una excelente reputación, haciendo productos de gran calidad y han obtenido un sólido éxito económico como consecuencia. Y, sin embargo, solo uno de los tres parece disfrutarlo. El único de ellos que acepta y reconoce sus fallas y defectos es Dieter, quien es un gran pastelero, pero no tan buen panadero o repostero de tortas y aun así no envidia el que sus amigos de infancia sí lo son. Dieter simplemente es feliz con lo que hace y lo que tiene sin venenos artificiales que afecten su trabajo y vida diaria.

El tigre malherido

La bestia se esconde entre las hojas amarillas y verdes,
sostenida por las ramas de un árbol majestuoso,
su cuerpo es enorme y poderoso.

Permanece a la espera, agazapada.

Su árbol es uno de los pocos
que quedan en pie en esa árida y desforestada
zona de la selva.

Todo a su alrededor está chamuscado
o simplemente no sobrevive el intenso calor
del inhóspito lugar.

El sagaz animal espera al acecho,
listo para atacar.

Está inquieto, impaciente y muerto de sed.
Su boca y garganta están extremadamente secas.
Pero está hambriento y eso nubla
sus instintos de supervivencia.

En este momento su único foco de atención
es una joven gacela, jugando a la vencida,
separada de su manada y acercándose más y más
a la zona de la muerte donde la bestia la va a atacar
y en la cual no podrá salvar su vida.
Sin saberlo el tigre cazador
está a punto de ser cazado también.

Dos francotiradores lo tienen en sus miras telescópicas
apuntándole directamente.

Allí es cuando,
simultáneamente,
el tigre se mueve casi que imperceptiblemente,
listo para saltar sobre su presa,
justo cuando ambos cazadores
disparan sobre él,
esto causa que ambos tiros fallen,
El tigre sale huyendo
a sabiendas que su vida está en juego.

Mientras la bestia en fuga
en estado de pánico se aleja,
su velocidad es frenética, caótica y precipitada.

Cuando el bello animal está casi fuera de su alcance,
los cazadores logran hacer dos disparos más,
un tiro falla y el otro roza su espalda,
y aun cuando le causa un pequeño tumbo,
no logra bajarle la velocidad.
Segundos después el tigre se pierde en el viento.

Finalmente,
después de un escape que parece interminable
el tigre herido logra llegar con su pandilla.
Se acuesta y después de unos pocos gemidos y jadeos,
se desvanece.

Un hilo de sangre le corre por la espalda, patas y torso.

Un par de tigresas se le acercan
y empiezan a lamer su herida,
una pandilla de tigres jóvenes hace lo mismo,
pero solo los más chiquitos
pueden alcanzar la sangre que se ha esparcido
hasta las patas del tigre.

Los pequeños lamen divertidos y con gusto
la substancia roja.

—Quizás en esta oportunidad nos desharemos de él
de una vez por todas, —dice uno de sus rivales.
—Sinceramente espero que tus deseos se hagan realidad,
—le responde otro miembro masculino de la pandilla.
—Estoy harto de un superhéroe entre nosotros, —continúa.
—Quizás debemos movernos todos de aquí,
los cazadores pudieran estar todavía detrás de él.
—¿Y abandonarlo aquí?
—A quién le importa,
es probable que de todas maneras no sobreviva.
—Ya se hizo demasiado tarde para ellos,
es demasiado peligroso en la oscuridad,
fácilmente pueden pasar de cazadores a cazados.
Ellos se han marchado ya.
Además, en esta pandilla
nunca dejamos nadie atrás.

De repente,
una pequeña conmoción de rugidos
señala algo anormal.

Un par de tigres de otra pandilla,

se acercan dudosos al tigre malherido.
Todo el mundo está alerta y tenso.

Pero los visitantes
no están en plan de ataque.
Empujan suavemente a las tigresas a un lado
y estas se apartan reacias,
pero permanecen cerca.
Los visitantes empiezan
a lamer la herida con intensidad.

A seguidas, uno de los tigres visitantes
roza la herida con su zarpa,
la cual está llena de una caliza blanca.
La esparce por toda ella varias veces.
Segundos después,
los tigres visitantes se marchan.

A la mañana siguiente,
el tigre malherido se levanta
y camina con dificultad,
Pero su herida se está curando rápidamente
y se prepara para ir de caza nuevamente,
una vez que se haya mejorado,
y seguir haciendo lo que siempre ha hecho
por su pandilla,
que es proveer sus alimentos y sustento sin parar.

Los labradores del oro en el Cuzco

Julio Velazco-Paina y Ramón Ernesto Soto-Duarte compraban y vendían oro como sus medios de vida. Sus negocios competían ferozmente el uno con el otro.

Ambos rivales estaban ubicados en la pequeña ciudad turística del Cuzco.

La puerta de Perú hacia Machu-Pichu, donde están las ruinas y restos de una ciudad que en el pasado fue el corazón de la civilización Inca, en las alturas de la cordillera de los Andes.

El negocio de Julio estaba en pleno auge ya que a través del tiempo se había asegurado múltiples fuentes para vender su oro. Innumerables comerciantes, así como personas naturales, unos legítimos y otros no, iban especialmente a comprarle a él. Adicionalmente, era un gran instructor y maestro de su oficio, por ello, construyó en pocos años el mejor y más talentoso establo de joyeros y artesanos de oro, todo ello resultando en una joyería de oro que era por mucho trecho la de mejor calidad en la región, quizás en el país entero.

Los turistas peruanos y extranjeros adoraban sus productos y venían, de todos los países, a comprar sus productos.

Así que Julio se expandió más y más a través del tiempo.

Por otro lado, Ramón Ernesto era mucho más modesto y menos ambiciosos en el manejo de su negocio; se enfocaba en la mejor calidad, pero compraba menos y pagaba más por el oro.

Por ello, ofrecía menos variedad de productos y por ende sus ventas eran diez veces menores en tamaño que las de Julio, a pesar de que la calidad de ambos era muy similar.

Pero cuando los beneficios se contabilizaban, Ramón Ernesto, con un negocio mucho menos famoso y más pequeño en ventas, ganaba mucho más dinero que Julio.

Simplemente, porque al tener menos gastos, a Ramón Ernesto le costaba vender sus productos muchos menos dinero que a Julio.

Más aun, cuando la crisis económica azotó al país, Julio tuvo que achicarse aceleradamente, porque de otra manera podría haber tenido que cerrar las puertas de su negocio.

Esa es la paradoja de la Avaricia.

Aquel que desea y quiere sin límites, ni moderación, siempre pierde a la larga con relación a aquel no poseído por la Avaricia.

La academia de lo absurdo, lo desfachatado y lo ridículo

Todo parece en su lugar, familiar, conocido y cómodo pero en realidad no lo es.

Los felices pasos de la joven muchacha transcurren como pequeños saltos, llenos de buen ánimo y despreocupación. Ella llega con tiempo de sobra, llena de entusiasmo, deseos y curiosidad. La academia de lo absurdo es insolente. La confunde.

—¿Por qué tengo que pasar por esto? —se pregunta.
—¿Qué es lo que esta gente enseña? —se pregunta. Pero su mente está en blanco.

—Si no vas a atender y participar en el programa vas a ser expulsada de la escuela. —Le dice la directora de la escuela de secundaria.

—Buen día, ¿usted debe ser? —dice la directora de la institución educacional.
—Una adolescente insubordinada —contesta la joven.
—Tengo entendido que es una rebelde que urgentemente necesitada de tutelaje —observa la anfitriona.
—Algo parecido… —responde la desanimada jovencita.
—Y debo presumir que no estás aquí voluntariamente, —pregunta retorcidamente la anfitriona.
—Algo así…
—Muy bien, sígueme por favor, —le pide.
—¿Qué enseñan ustedes aquí? — Pregunta la joven todavía sin entender.
—Cualquier cosa que no tiene sentido, estudiamos los ridículos; aprendemos acerca de los rabiosos, también estudiamos la ignorancia y respetamos la falta de conocimiento. Tutelamos acerca de la falta de buen juicio y la falta de sentido común, en otras palabras enseñamos acerca de lo absurdo. —Explica la peculiar anfitriona.

—Adelante entonces, —dice la inquieta adolescente ahora sumamente interesada.

El rictus en la cara de la jovencita se frunce.

—Ya que eres una rebelde, las enseñanzas que recibirás aquí están hechas a la medida para ti.

—¿Por qué?

—Todo lo que enseñamos aquí son cosas que no tienen sentido, en otras palabras son cosas que a ti te fascinan.

—Pero si estas cosas son todas malas, ¿a quién se le ocurre enseñar eso?

—Enseñamos lo absurdo, lo indignante y lo ridículo para estar pendientes de no ser así.

—Como puedo empezar esa lección.

—El principio detrás de lo que enseñamos es que vamos en dirección opuesta de lo que normalmente se enseña.

—Estoy perdida, explíquese mejor.

—La idea es que saber de algo en profundidad, te permite entender su valor real o lo absurdo de ello, su lógica o desfachatez, su sentido común o ridiculez.

Los ojos de la joven rebelde se iluminan y finalmente entiende, de golpe las ideas acerca de lo absurdo y desfachatez la inundan y finalmente le llegan.

Si te enseñan a respetar la ignorancia o bien la adoptas o te rebelas contra ella y terminas rechazándola.

De allí el valor de estudiar lo absurdo, desfachatado y ridículo.

La joven pastora y la adivina del Tarot

Temprano el domingo por la mañana, su único día libre de la semana, la joven desciende pedaleando las sinuosas montañas de la región del Alberg. Ella se dirige a visitar a la caravana itinerante de gitanos. Desde que recuerda, ella ha sido un pastor como lo fueron su padre y su abuelo y todos sus ancestros también, todos ellos hombres excepto ella, por lo que ella ha roto una tradición muy de los Alpes Austríacos.

Desde una temprana edad su preferencia y pasión por el oficio de su padre la persuadieron de que ella era la legítima heredera de la tradición familiar como pastor de ovejas y se lo había ganado merecidamente. El convoy se instaló en las afueras de la villa alpina.

Desde lejos se pueden ver los vívidos colores de los artistas visitantes y sus carretas.

Algunos de los gitanos bailan, otros hacen malabarismos, uno en particular se desplaza frenéticamente en un uniciclo y otro realiza piruetas. Una pequeña multitud se reúne alrededor de cada acto.

Los espectadores aplauden y los recompensan con monedas y billetes que tiran o depositan en el piso al lado de cada artista callejero.

El vagón de la adivinadora del futuro tiene una larga cola.

La joven pastora suelta su bicicleta y se une a la fila.

El tiempo pasa mientras ella observa a los artistas de la calle.

Finalmente, cuando es su turno, está lista y deseosa con emoción sube los tres escalones del viejo vagón.

El olor a incienso fuerte y dulce, la rodea completamente.

Mientras sus ojos se ajustan a la oscuridad del lugar, la ve que le da la bienvenida con sus brazos y una sonrisa.

La adivina tiene una mata pelo negra que le cae sobre su rostro. Tiene ojos penetrantes y cejas muy gruesas.

Viste con traje colorido y ancho, que alcanza a sus muñecas y tobillos.

Lleva un par de aros gigantes, que cuelgan de sus orejas.

Una bola de cristal llena de humo está sobre una mesa pequeña cerca de la adivina.

—A ver, a ver ¿quién tenemos aquí? Una bella joven de las montañas.

La joven asiente con la cabeza gentilmente, la adivina toma ambas manos de la joven.

—¡Ah! Veo que no eres una joven común y corriente, — dice la misteriosa gitana. —Ven mi niña, siéntate.

La adivina guía a la joven hacia la mesa pequeña y ambas toman asiento.

Sentadas una frente a la otra.

La bola de cristal a un lado cobra actividad. Los gases dentro de ella se expanden y toman tonalidades y colores.

—Dime querida, ¿qué quieres saber en el día de hoy?

—¿Qué me depara el futuro?

—¿A ti?, cualquier cosa que puedas desear.

—¿Para mí?¿Cómo? ¿Por qué?

—Eres única y especial.

—¿Le dice lo mismo a todo el mundo?

La adivina sonríe pero sus ojos muestran sorpresa.

—Usualmente no cariño, —la gitana le responde. —Dime mi bella niña ¿qué te preocupa acerca del futuro?

—Soy pastora de ovejas y ¡muy buena en ello!

—Eso no es solo maravilloso sino que la tuya es una noble profesión.

—No hay muchas pastoras tampoco.

—Es que acaso hay alguna? —Pregunta la adivina.

—Se me ha dicho que hay muy pocas pero la verdad es que todavía me tienen que presentar alguna.

—Ya lo vez cariño tu eres única y especial.

—Pues mi pregunta es, ¿podría ser alguna otra cosa?

—¿Por qué deseas tal cosa?

—Algunas veces sueño con ser escritora, ¿quizás una pintora?

—En la vida podemos llegar a ser cualquier cosa que desee nuestro corazón y nos propongamos ser.

—Está segura que será así? —Dice la pastora mientras ve la bola de cristal.

—Echémosle un vistazo. —Dice la adivina. —Cariño, a veces nuestro deseo de ser o hacer algo distinto es una excusa para escapar de la realidad.

Gentilmente la adivina toma las manos de la joven pastoras de ovejas pero esta vez las coloca arriba de la bola de cristal.
Una imagen de los valles alpinos aparece en la bola de cristal.

—¿Quién es él? —Pregunta la adivina.

La joven pastora se queda boquiabierta, su rostro denota sorpresa total.

—Mi hermano.

La adivina pasa su mano alrededor de la bola de cristal. La imagen se repite una y otra vez.

—Tiene una mirada sospechosa, luce culpable.

La joven pastora observa las imágenes de su hermano totalmente hipnotizada.

—¿Está robándose las ovejas? —Pregunta la gitana.

La joven asienta con la cabeza. Un par de lágrimas corren por sus mejillas.
La adivina mueve sus manos nuevamente alrededor de la bola de cristal, las imágenes muestran día tras día a su hermano vendiendo las ovejas en la ciudad.
A seguidas se le puede ver en varias ocasiones en un salón lleno de humo y licor.

—Es un jugador, —dice la adivina.

La joven pastora llora y solloza.

La adivina cubre nuevamente con sus manos la bola de cristal, la imagen que muestra es la de un hombre mayor regañando varias veces a la joven pastora.

—Ese es tu padre y tú te has echado la culpa por las ovejas faltantes.

Ahora la joven pastora llora desconsoladamente.
La adivina se levanta y la abraza.

—¿Es esta la razón por la que querías hablar conmigo acerca del futuro? —Susurra la gitana con un tono amoroso. Por ello es que te preguntas si no debes escoger otra profesión?
La adivina dice con palabras llenas de afecto.

Por primera vez la joven pastora levanta sus ojos llorosos del piso, mira a la adivinadora directo a la cara y asienta con su cabeza.

—Pues bien cariño has venido al lugar adecuado.

La gitana se inclina y encara a la joven pastora, nuevamente le toma las manos.
—La honestidad empieza dentro de nosotros mismos, — dice crípticamente.

Los ojos de la joven pastora se agrandan y brillan en la medida que empieza a entender.

—Primero tenemos que ser honestos con nosotros mismos antes de serlo con los demás.

La adivina tiene ahora la atención total de la pastora.

—Amas lo que haces, ¿correcto?

—¡Sí!

—Naciste para ser pastora, ¿no es cierto?

—Así es, nací para ello.

—Y es lo que has sido desde niña.

Penosamente la joven asienta la cabeza.

—Todo trabajo u oficio legítimo es digno. No hay ninguna razón válida para que abandones lo que te apasiona hacer en la vida, excepto la deshonestidad. Te sientes avergonzada por los actos de tu hermano, pero aun así no eres honesta contigo misma acerca de sus mal obrar. No has sido capaz de confrontarlo, por el contrario has cargado con su culpa. El no ser honesta contigo misma, te ha llevado a no ser honesta ni con tu hermano, ni con tu padre, con lo cual has perpetuado la deshonestidad en tu familia. Tu padre está molesto contigo creyendo, equivocadamente, que tienes la culpa, tu hermano por otro lado no te respeta, mucho menos te tiene miedo alguno, sigue robando las ovejas de tu rebaño. Ahora para remate quieres abandonarlo todo, para evadirte de las incómodas circunstancias pensando que esa es la solución.

—¿Qué sugiere que haga entonces?

—Primero que nada tienes que ser honesta contigo misma y preguntarte, ¿Cuál es la verdad? Confiésalo a ti misma. Una vez que lo hagas ve directamente a encarar a tu hermano y le exiges que acepte su responsabilidad con tu padre. Si no lo quiere hacer, vas tú y lo haces por él. Además, demanda que pague las ovejas que hurto después de todo no les pertenecen a ninguno de los dos, les pertenecen a vuestros padres. Una vez que hagas esto, empezarás a disfrutar nuevamente de ser una Pastora.

La joven costurera y el hombre jovial

La joven costurera da vueltas sin parar a la rueda de hilos, con manos diestras conduce el huso tejiendo los hilos de algodón y lana de todos los tipos, gruesos y colores.

Sofía trabaja incesantemente día y noche. La obsesión de la joven costurera es la perfección; sus creaciones artísticas son buscadas y deseadas por muchos. Bien sean vestidos o casimires, pañuelos o bufandas, son creaciones artesanales de la costurera.

Se venden con un adelanto y una larga espera. Su habilidad salta a la vista en sus maravillosos tejidos de punto, hechos a velocidad de vértigo con un solo hilo y un par de agujas largas en forma de garfio.

Pero aun con todo su éxito la talentosa artesana se obsesiona por su pasado. Ella se siente resentida con todos aquellos, que en los comienzos de su carrera como costurera, no creyeron en su talento y su profesión escogida ni la apoyaron cuando más lo necesitaba.

Se pierde en la naturaleza para distraer su mente y olvidar sus resentimientos.

Una de las consecuencias no deseadas de sus dolorosas experiencias es que cualquier cosa que la obsesiona también la limita.

El sonido de la armónica se esparce a través de todo el bosque, en una suave y rítmica melodía. En esos momentos, la joven costurera hace un alto en su trabajo y se va a caminar y pasear por un rato en los hermosos bosques ubicados en la parte de atrás de su taller.

La tonada de la armónica es encantadora por sus preciosas notas musicales que la calman y alivian. Llevada por una irresistible atracción y magnetismo, Sofia camina de puntillas sobre las hojas en forma de agujas de los pinos.

No quiere perturbar el efecto calmante que la melodía tiene en ella. Tras ver el origen de la música, la joven costurera se acerca poco a poco cada vez más —su furia y angustia mitigadas— con cautela se asoma a los lados de los troncos, de los anchos y gigantescos árboles.

Finalmente le ve sentado sobre el tronco de un árbol caído, es un hombre de gentil apariencia, con una expresión de absoluta felicidad plasmada en su rostro redondo, con mejillas robustas y rosadas.

El hombre con gesto jovial y festivo toca la armónica con gusto y felicidad, todos sus movimientos son suaves y pausados. Su placer inmenso es claramente palpable, está inmovilizado disfrutando su gozo. Sus ojos están cerrados, sus párpados relajados.

Aún su respiración se nota relajada, como si lo calmara su propia melodía.

Totalmente cómodo apenas sopla o inhala hacia o desde el instrumento.

—Siéntate joven, —dice el hombre jovial señalándole un claro de grama.

Todavía sin abrir sus ojos continúa tocando la armónica.

Sofía duda al principio pero al fin hace lo que él le dice.

—¿Estás disfrutando el bosque?
—De ciertas maneras...
—¿Por qué me das una respuesta evasiva y sin ganas?

Su pregunta la toma por sorpresa.

El hombre jovial, mientras tanto, ha dejado de tocar, aunque la melodía continúa.

—Hay algunas cosas de mi pasado que me molestan. —Ella

responde.

—¿Te refieres a cosas que ya no existen?

—Sí, —dice a la defensiva.

Incómoda le pregunta,

—Disculpe, ¿por qué mantiene usted sus ojos cerrados... o es usted ciego?

—Ciego. Pero solo a través de mis ojos.

Avergonzada, a Sofía le cuesta decir algo más.

—¿Tus recuerdos están llenos de veneno, rabia y resentimiento? — Pregunta el hombre jovial.

—Sí.

—Así que estás usando, gastando y desperdiciando tu valioso y finito tiempo en el planeta tierra, ¿en lo desagradable y negativo de tu pasado?

Sofía asiente confirmándoselo.

—Pues debes saber que los resentimientos son unos ladrones.

—¿Ladrones?

—Sí, eso mismo son, felices, ellos te roban el tiempo que te queda de vida.

—¿Felices?

—Felices porque tú les dejas hacer lo que les dé gana. De hecho los almacenas y los proteges. Están dentro de ti como anfitriona. Una muy buena de verdad porque obviamente tus resentimientos no se quieren ir y tú les das albergue. Saben que son bienvenidos dentro de tu torturada mente y espíritu.

—Esa es mi realidad, hombre optimista. El hecho es que me controlan y ¡no me puedo deshacer de ellos!

Ella dice protestando.

—Vamos a encarar la realidad Sofía, eres tú quien no quiere deshacerse de ellos.

—No, eso no es cierto… espere un minuto, ¿cómo sabe usted mi nombre?

—Joven costurera, ya te dije antes, yo veo y capto a la gente así como las cosas sin el uso o necesidad de mi vista.

El nivel de atención de la costurera sube aún más.

—La primera cosa que tienes que entender es que lo que te afectó en algún momento de tu pasado ya no existe. Solo reside en tu mente e imaginación, —dice el hombre jovial.

—Yo pienso acerca de lo que resiento todo el tiempo.

—Esa es otra razón por la cual los resentimientos son una pérdida de tiempo total. Dime, ¿cuán tonto se puede ser al repetir la misma película una y otra vez en tu cabeza? Además, piensa en lo siguiente: Los resentimientos te hacen pensar o desearle el mal a otros, pero quién está envenenada de rabia eres tú.

—¿Cómo des invito a esa banda de ladrones?

—Para empezar siendo feliz, valorando y apreciando quién eres tú y lo que tienes, sea lo que sea, pero nunca jamás lo que no eres, lo que no tienes, mucho menos lo que pretendes ser. Muchas veces estamos molestos con otros porque bien dentro de nosotros en lo más profundo de nuestro ser, los percibimos como mejores que nosotros.

—En el presente no hago ninguna de esas cosas bien.

—Finalmente, deja de juzgar a los otros y usa esa energía y tiempo en juzgarte a ti misma. De esa manera mantienes el control sobre tu vida y actos, propiciando crecimiento y cambio en ti.

—¡Gracias hombre jovial! Esta es una lección de vida que atesoraré para siempre, —dice Sofía.

La joven costurera al despedirse se va caminando por el bosque tarareando la misma melodía que llena su alrededor. El hombre jovial continúa tocando su armónica sin cesar.

Por su parte la joven costurera ríe con gozo. Finalmente libre de resentimientos causados por esos ladrones venenosos, para siempre.

Garra

La garra proporciona una calidad "duradera"
a la resistencia y la resiliencia.

La garra es esa resolución inquebrantable,
pasión determinada,
comportamiento decisivo,
intensidad imparable,
fortaleza abrumadora,
disciplina perenne,
coraje indomable,
firmeza tenaz
y resolución inquebrantable,
que nos convierte en super triunfadores deliberados,
y siempre los probables ganadores.

La garra es,
donde reside la ventaja de un personaje obsesionado con sus
metas y objetivos.

La garra es,
donde yace la resolución inquebrantable de resistir al miedo,
la fatiga, la privación, la enfermedad,
la repetición interminable, el fracaso, el rechazo,
la enfermedad, la tragedia y el dolor.

Perseverancia

La acción sostenida independientemente de las circunstancias,
la búsqueda y el avance continuos hasta su finalización,
son las marcas registradas de la persona perseverante.

La perseverancia es persistencia indefectible,
firmeza implacable,
continuidad inmutable,
diligencia perenne,
resistencia infatigable,
terquedad tenaz,
y obstinada insistencia.

La persona perseverante nunca se desvía de su plan,
curso de acción, o metas,
nunca se cansa,
o abandona,
supera todos los obstáculos,
y siempre vuelve a intentarlo,
volviéndose a parar
e infaliblemente siempre completa su trabajo.

El más grande viajero que jamás ha existido

El rumor está por toda Venecia. El gran viajero ha regresado a casa.

Una muchedumbre se ha reunido en el muelle para recibirlo.

Finalmente el barco mercante de Constantinopla hace su entrada y se amarra al puerto.

Una tabla de madera se extiende desde la borda.

De inmediato, un hombre pesado con una larga barba roja, con pasos cortos en forma de pequeños brincos, cruza la plataforma y finalmente por primera vez en 25 años toca tierra en su ciudad natal.

Numerosos familiares se encuentran entre la multitud.

—¡Venecia al fin! —declara.

—¡Dios mío, eres tú! Estás hecho todo un hombre. —Le dice una de sus tías con una voz llena de orgullo.

—Marco, pensábamos que habías muerto.— Dice otra tía llena de emoción.

—Lo mismo pensé en muchas oportunidades,— el viajero responde.

Marco Polo camina, rodeado de familia y amigos.
Contempla las vistas que le son tan familiares e inmediatamente se siente a gusto de estar en casa.

—Nada ha cambiado,— dice en voz de trueno.

—Marco Polo, mucho ha cambiado. A nuestros actuales gobernantes no les gustan los venecianos. Pero dime, ¿debes ser ahora un hombre muy rico?— pregunta un tío.

—En conocimiento y experiencia, sí. Pero no tengo riqueza material alguna. En nuestro viaje de regreso nos robaron en

Trebizond, (Ubicada en el mar negro, Turquía), todo lo que habíamos ganado y ahorrado a través de los años.

—¿Quieres decir que regresaste siendo un hombre pobre?— Le pregunta un primo.

—Por el contrario, soy un hombre acaudalado.— Confirma Marco Polo.

—¿Cómo? Explícate por favor.— Le pregunta una tía.

—Sin riqueza no vas a tener una vida cómoda, holgada, con ropajes y lujos— Le dice un primo.

—Por supuesto que podré ya que mi fe, conocimientos y experiencias me abrirán todas las puertas.

—Debe haber encontrado muchas situaciones peligrosas?— Le pregunta otro primo.

—Innumerables. A los tártaros no les gustan los comerciantes, así que nuestros encuentros con ellos siempre fueron peligrosos. También en la corte del emperador en Mongolia, Kublai-Khan, a quien serví por varias décadas, habían muchos miembros importantes de su corte, a quienes no les gustaban los extranjeros.

—Marco Polo, ¿cómo pudiste salir sano y salvo después de un viaje tan largo?— Pregunta una tía.

—A través de la garra y la perseverancia.

—Nos podrías explicar qué significan estas palabras?— Pregunta un joven sobrino.

—Perseverancia es cómo continuamos avanzando a pesar de las dificultades y obstáculos insalvables. Nunca pensamos en no completar el viaje nunca nos cruzó la mente. Nuestro garra constituyó la fuerza, resolución y determinación para alcanzar nuestro destino y completar nuestra misión. Únicamente cuando llegamos de vuelta a casa hace solo algunos momentos, nuestro viaje se convirtió en un triunfo.

—Si estabas al servicio de un emperador todo poderoso, cómo

es que te dejó regresar a Venecia?— Pregunta un tío.

—Porque pensó que yo era la única persona confiable para llevar a una princesa a Persia,

—¿Y fue así?— Le pregunta el mismo tío.

—Así fue. Una vez completamos nuestra misión, nos dirigimos a casa.

—¿Has escrito un diario con tus experiencias?— Le pregunta el mismo sobrino.

—Todo lo que tenía se perdió en el camino, especialmente cuando nos robaron. Planeo contratar a un escritor para narrarle toda la historia.

—Tus viajes serán recordados como una gran aventura.— Le dice su joven sobrino.

—En efecto así será. En cierto modo lo que yo hice no es diferente a la vida misma. Todos estamos embarcados en el viaje de la vida. Sin embargo, para tener éxito y ser feliz siempre tenemos que alcanzar nuestras metas y siempre completar la misión.

—Para lograrlo, hay dos de los componentes claves: Garra y Perseverancia.

Las cuatro huérfanas de Vietnam

Las cuatro niñas de Ho-Chi-Mihn-City,
crecieron en un orfanato,
un lugar modesto pero al mismo tiempo limpio y estricto;
lleno de amor, atención y cuidado.
En otras palabras, un paraíso para niños sin hogares.

Amigas de la infancia, jugaban, comían y dormían juntas.
Y además iban a la misma escuela pública seis días a la semana.

Sus caminatas a clase eran memorables.
Agarradas de manos, con sus mochilas al hombro
siempre se encontraban con niños
no tan afortunados como ellas.
Algunos lucían hambrientos
y ellas compartían su comida con ellos;
otros parecían perdidos con sus ropita viejas
y sus sandalias rotas.
Las cuatro huérfanas les traían ropas abandonadas
que encontraban en el orfanato.

Ya con doce años,
Hahn era la mayor del cuarteto por dos años.
En las noches frías de invierno,
las cuatro huérfanas se acurrucaban juntas en la cama
y así se daban calor la una a la otra.
A Hahn le encantaba leer a las otras tres huérfanas
hasta que se quedaban dormidas.
A través de incontables libros de cuentos infantiles,
las huérfanas vietnamitas soñaban con lugares lejanos.
Cuentos de hadas madrinas, príncipes en caballos blancos

y finales felices.

Un buen día Hahn pretendía que les leía
pero en realidad les estaba recitando un cuento
que ella había escrito más temprano para sus tres amigas.
Había una razón importante para hacer eso;
un secreto importante que únicamente Hahn conocía.
Así que, el cuento que ella les narró ese día,
contenía un mensaje secreto
para que sus tres amigas de la infancia
descubrieran algo que Hahn nunca olvidaría.

La historia que Hahn había escrito y recitaba
era acerca de un naufragio
en una isla remota en el Pacífico.

Después de varias semanas,
el Capitán y su tripulación tenían hambre
y ninguna esperanza de que los encontraran,
ya que su ubicación era tan remota
que ninguna embarcación había cruzado el horizonte
desde su llegada.

El Capitán decidió arriesgarlo todo.
En uno de sus botes salvavidas,
que habían podido salvar,
con la ayuda de su tripulación construyó un pequeño mástil
y le hizo una vela cosida por el utilitario del barco.
Con algo de la comida que les quedaba
y agua que habían acumulado en los días lluviosos.
El Capitán y un miembro de su tripulación
se fueron a navegar las aguas del vasto océano Pacífico.

Todos sus posibles destinos quedaban
a más de 1000 millas náuticas de distancia.

Antes de partir, el Capitán hizo una promesa a su tripulación:
—Regresaré a buscarles.

El Capitán y el miembro de su tripulación,
navegaron por seis semanas,
atravesaron mares calmados y agitados,
algunos días fueron extremadamente calientes
y secos otros con interminables tormentas.
Cuando el Capitán y su tripulante tocaron tierra,
trabajaron sin cesar para lograr
el viaje de rescate a su tripulación
y aun cuando le tomó un largo tiempo
nunca cesó en su afán hasta que consiguió un barco
para ir al rescate de sus tripulantes.

Casi tres meses después,
cuando habían abandonado toda esperanza,
pensando que su Capitán había perecido
o simplemente se había salvado y olvidado de ellos,
en medio del horizonte vieron una embarcación llegar.
Poco después vieron un pequeño bote auxiliar aproximarse.
A bordo estaba su Capitán saludándolos a lo lejos.
Nunca los había olvidado;
su lealtad por su tripulación era tan fuerte
como la de ellos por él y había venido a rescatarlos.

Cuando Hahn terminó de recitar su historia, sus tres amigas
estaban todavía despiertas, con sus ojitos bien abiertos, mirándola
intensamente llenas de ilusión, asombro y fantasía.

—Esta historia está inspirada en una famosa expedición fallida a la Antártida. —dijo a sus amigas.

Poco después, acurrucadas, se duermen con rostros tranquilos y felices.

La mañana siguiente, cuando las tres huérfanas vietnamitas se despertaron, Hahn ya no estaba.

Su sorpresa y tristeza iniciales crecieron aún más cuando el director del orfanato les informó que Hahn había sido adoptada por una pareja Japonesa de la ciudad de Nagoya.

Las tres huérfanas se dirigieron a la escuela con un estado de ánimo triste y sombrío.

Hasta que se miraron las unas a las otras, todas pensando lo mismo:

—Hahn regresará a buscarnos, —dijeron al unísono con sonrisas en sus rostros.

¡Qué ingenuas!, si solo supieran.

¿Cómo podría una niña de doce años sufragar el costo de su rescate?

Los meses transcurrieron y las cartas de Hahn empezaron a llegar. Disfrutaba de su nueva vida con sus padres adoptivos. Había aprendido rápidamente el idioma japonés. En la escuela se destacaba con notas excelentes y estaba inscrita en el programa de los alumnos avanzados.

Sus tres amigas se preguntaban si con tanta felicidad y abundancia Hahn terminará olvidándolas.

Muchos meses más pasaron y mientras las cartas describían un éxito tras otro, un creciente sentimiento de desaliento y esperanzas perdidas, empezó a crecer en las tres amigas de Hahn.

—Quizás no va a venir después de todo, —comentaban.

Pero la historia del Capitán y el rescate de su tripulación siempre prevaleció al final.

—Ella va a venir no hay duda alguna al respecto, ella va a regresar por nosotros.

Y una buena mañana, cuando las tres amigas caminaban juntas a clase, una reluciente limusina negra se les acercó.

Sorprendidas se volvieron a verla cuando una de las ventanas bajó lentamente, tomadas por sorpresa las tres huérfanas vietnamitas se cubrieron los rostros y se quedaron boquiabiertas, mudas de la emoción, saltaron al ver a su vieja amiga de la infancia.

—Les dije que vendría a buscarlas, — dijo Hahn con una voz llena de emoción.

La puerta de la limusina se abrió y Hahn salió de un salto corriendo a abrazarlas.

Las cuatro se abrazaron y gritaron de alegría. Lo hicieron por lo que parecía eternidad. El cuarteto estaba nuevamente reunido.

—¿Cómo lo lograste? —Le pregunta una de sus tres amigas de la infancia.

—Desde mi llegada a Japón trabajé sin cesar para lograr que las adoptaran a ustedes también. Me lo gané con mis resultados académicos y siendo una buena hija, convencí a mis padres adoptivos, —quienes ahora serán los suyos— cuán trabajadoras y talentosas son las niñas vietnamitas.

La joven soprano de las montañas de Mérida

La voz de la joven soprano es la voz de los ángeles.

Cuando ella canta, en las faldas de la cordillera de los Andes, los pajaritos a su alrededor cantan también, imitando su melodía. Es un coro improvisado lleno de los sonidos de la naturaleza todos ellos hechos en el cielo.

Cuando la joven soprano canta, las flores de la montaña despliegan sus mejores colores llenas de felicidad. El azul de los cielos brilla y su claridad nos impregna. Las nubes se alejan saturadas de alegría. Gracias a ella todo lo que la rodea, se convierte en el anfiteatro de la naturaleza. Ampliando aún más la acústica de la voz esplendorosa.

Cuando la voz de la joven soprano se escucha, las cataratas, ríos, manantiales y lagos celebran mientras sus chorros y gotas suenan más nítidos, cristalinos y armónicos.

La improvisada orquesta de la naturaleza la acompaña.

El talento de la joven soprano le aseguran su entrada a la Academia Nacional de la Música en la ciudad capital de Caracas. Muy pocos logran entrar en la famosa escuela pero ella está predestinada desde siempre a ello.

Por semanas, meses y años, la joven soprano estudia, entrena y se prepara, trabajando día y noche, más duro que la mayoría, más que nadie.

Su mentora de toda la vida, con trenzas blancas y largas, con un rostro benigno y ¡una soprano también en su juventud! Guía gentilmente a la joven soprano, la ve crecer y madurar convirtiéndose en una mejor y mejor intérprete. La experimentada tutora sabe bien que la joven soprano va a ser la mejor soprano, inclusive que ella misma.

En los días donde nubes negras oscurecen el espíritu y hacen inútil el inmenso talento de la joven soprano, la mano dura y severa de su mentora de mediana edad rápidamente la trae de vuelta a la realidad y la saca de los huecos negros donde ella suele ubicarse de vez en cuando.

—¿Qué te preocupa en el día de hoy Isabela? —Pregunta su mentora Teresa.

—Tengo dificultades para confiar en los demás, —La joven soprano responde.

—Lo sé cariño, lo sé. Pero, ¿acerca de mí? ¿No confías en mí?

—Supongo que sí.

—¿Por qué dudas al responder?

—No, no, disculpe. Por supuesto que sí.

—Isabela, la repentina enfermedad de tu madre y su inesperada partida de este mundo no es culpa de nadie, mucho menos de ella.

—Pero ella me dejó totalmente sola.

—Tú no estás sola, nunca has estado sola. La vida de tu padre está centrada en ti. Te quiere sin límite y adicionalmente tienes a todas las hermanas de tu madre —tus tías— totalmente devotas a ti, dotándote amor y afecto ilimitados. También me tienes a mí, guiando tu prodigioso talento y además tienes el gran regalo de haber heredado la voz de tu madre.

—Estoy consciente de todo ello, pero a veces me siento llena de rabia y abandonada.

—Tienes que luchar en contra de sus sentimientos. Estoy segura que tu mamá, allá arriba en el cielo, está inmensamente orgullosa de todos tus logros".

Un buen día la esperada carta llega. Isabela ha sido invitada a la Academia Nacional de la Música para una entrevista y un examen para considerar su admisión a la prestigiosa escuela.

—¡Teresa, Teresa! —Grita al entrar a la oficina de su mentora en la escuela.

El lugar está vacío, ella va al salón de clases pero ella no está allí tampoco. Finalmente, Isabela corre al jardín donde su mentora sale a veces a caminar. No tiene suerte tampoco.

—Dónde estará ella? — masculla mientras camina de regreso a la escuela.

—Isabela, finalmente te encuentro, te estaba buscando por todos lados, —dice la directora de la escuela. La señora Gutiérrez.

—Yo he estado buscando a la señora Teresa.

—De ella es precisamente de quien te quería hablar.

Isabela mira a la directora con ansiedad en sus ojos.

—Se la llevaron al hospital hace una hora.

—¿Qué le pasó? ¿Está bien?

—Está enferma Isabela, pero quiere verte. Quiere hablar contigo, ve y visítala ahora mismo.

Isabela corre sin parar hasta el hospital de la ciudad, su rostro está inundado de lágrimas.

Todo su ser está saturado de miedo. Cuando llega a la puerta del cuarto del hospital de su mentora, el nudo en su garganta crece por minuto. La primera imagen que tiene de su pálida y debilitada mentora, deja a la joven soprano muda y en estado de shock.

—Isabela, cariño. Que alegría tan grande tenerte aquí conmigo.

—Vine apenas lo supe, señora Teresa.

—No he estado bien desde hace tiempo, ya tenía la esperanza de mejorarme para evitarles la preocupación a todos ustedes, especialmente a ti.

—Señora Teresa, ¿usted no se va a…? No me va a dejar… No puede, — dice Isabela llorando a cantaros.

—Ven aquí mi amor, ven. —Dice Teresa.

Dudosa, Isabela se acerca a su convaleciente mentora. Se abrazan y acurrucan al parecer para siempre.

—Isabela, quiero que me prometas que vas a ir a Caracas, tendrás una entrevista maravillosa y aseguramos tu entrada a la Academia Nacional de Música".

—¡No!

—¿Por qué?"

—Sin usted no puedo hacerlo. Se acabó. Mi vida se acabó.— Sacude su cabeza en negación.

Isabela está de pie con sus brazos cruzados y su rostro contorsionado con una expresión desagradable. Allí es cuando ve a su mentora llorando profundamente, es un llanto lleno de dolor que conmueve a la joven y talentosa soprano en lo más profundo de su ser.

Ese resulta ser el catalizador que la hace reaccionar y volver a la realidad. La joven soprano se aproxima a su mentora una vez más.

El abrazo que sigue es cálido y protector.

—Por supuesto, señora Teresa, discúlpeme. Fue una rabieta malcriada.

—Isabela, no sabes cuan feliz me haces. Todavía tienes que trabajar mucho para superar el trauma de la pérdida de tu madre.

—Le prometo que lo haré señora Teresa.

—Pues bien, tenemos trabajo por hacer. Te tengo que preparar para la entrevista, también tengo que preparar una carta detallada de recomendación para ti, sin ella es improbable que te acepten.

Durante varios días trabajan juntas en el cuarto del hospital de su mentora.

Trabajan hora tras hora sin parar hasta que Teresa considera que Isabela está lista.

—Cariño, mañana practicaremos una vez más y allí quedarás lista para ir a la entrevista.

Pero esas son las últimas palabras que la joven soprano oye de su querida mentora.

Cuando Isabela se presenta al hospital al día siguiente, le comunican que su mentora falleció la noche anterior. Al principio se siente perdida, luego totalmente molesta se dirige a su casa donde se encierra en su cuarto y no lo abandona por muchos días. Deja de cantar y promete no volver a hacerlo más. Finalmente su padre le toca la puerta.

—Isabela estoy yendo al funeral de tu mentora. Tienes que hacer acto de presencia y presentar tus respetos. La señora Teresa te dio tanto de sí misma. Estas en deuda con ella.

—No voy a ir.

Nelson, su padre, entra al cuarto y encara a su hija con un gesto serio en su rostro.

—¿Por qué te comportas de esta manera?
—Ella me falló.
—¿Cómo puedes decir eso?
—Ella me abandonó.
—No, ella no hizo tal cosa. Teresa estaba muy enferma y murió. Ella no te abandonó, Dios se la llevó, cariño.

Le dice mientras la abraza.

—Mi mamá me hizo lo mismo, —Isabela dice gritando y se pone a llorar desconsoladamente.

—Ambas te brindaron amor ilimitado, siempre las debes honrar en tu vida, —dice su padre. Una pausa se crea y ella se calma.

—¿Por qué no te cambias? Nos tenemos que ir. —Dice al salir del cuarto.

Sin decir una palabra más Isabela hace lo que le dicen.

Minutos más tarde se dirigen juntos al funeral.

En el servicio, la hija de su mentora, Megan, se acerca a la joven soprano.

—Isabela, justo antes de fallecer mi madre me pidió que te diera un mensaje.

Intrigada, Isabela escucha atenta.

—Ella me dijo: Dile a Isabela que no olvide la promesa que me hizo.

Isabela le sonríe con moderación a Megan como señal de respeto.

Poco después, arrastra a su padre fuera del funeral y se va apurada.

—Isabela la entrevista es pasado mañana, —le dice su padre.
—Papá, quiero ir pero no tiene sentido.
—¿Por qué?
—Mi tutora me traicionó...
—¡Qué clase de palabra es esa Isabela! —Nelson dice interrumpiéndola disgustado.

En ese momento Isabela finalmente se da cuenta que ha estado acusando y culpando a sus seres más queridos debido al dolor que siente por haberlas perdido.

—Papá, lo siento. Por supuesto que ella no me traicionó. Mi mamá tampoco. Ha sido muy malo de mi parte haber dicho esto. La razón por la cual no voy es porque la señora Teresa no pudo escribirme la carta de recomendación para la Academia Nacional de Música. Sin ella, es poco probable que sea aceptada.
—Ya veo y ¿qué vas hacer al respecto? Simplemente abandonar y renunciar a una oportunidad por la que trabajaste tanto.

Isabela se siente liberada, como si le hubieran quitado un enorme peso de sus hombros.

—Sabes que papá, voy a ir y daré lo mejor de mí. La verdad

sea dicha, la señora Teresa me preparó bien.

La entrevista de Isabela tiene lugar poco después y logra el éxito en todas las categorías.

Los ensayos de su voz van todavía mejor. El momento de la verdad llega cuando ella completa su última evaluación. Antes de irse se dirige al comité de aceptaciones.

—Gracias por su interés en mí, quiero que sepan que estoy consciente que sin la carta de recomendación de mi mentora, no seré aceptada. Yo entiendo esto y lo acepto, pero el año próximo pueden tener por seguro que trataré de nuevo.

Habiendo expresado lo que piensa, Isabela está lista para regresar a casa, un poco más triste pero sobre todo satisfecha porque dio lo mejor de sí misma.

—Joven soprano, ¿qué te hace pensar que no vas a ser aceptada? — Uno de los miembros del comité pregunta.

—No lo tome como una excusa, pero mi tutora falleció antes de que pudiera escribirles la carta de recomendación. Vine de todas maneras para honrar una promesa que le hice a ella.

—¿Viniste solo a cumplir una promesa?

Isabela piensa largo y tendido.

Mira con ojos intensos al comité de admisión y decide balbucear la verdad de la manera que la siente.

—También vine porque estoy lista.

—¿Lista para qué? —Pregunta otro miembro del comité.

—Lista para ser admitida en la academia y no sólo tener éxito sino ser una de sus más notables estudiantes.

—Isabela, primero que nada, tu mentora sí nos envió una carta detallada de recomendación acerca de ti semanas atrás, —dice una miembro del comité.

Las emociones se acumulan rápidamente en el pecho de Isabela, se le hace un nudo en la garganta, su labio inferior tiembla, un par de lágrimas se deslizan por sus mejillas.

—Además, te hubiéramos aceptado de todas maneras sin ella. Así de preparada estás y así de talentosa eres.

Isabela salta de alegría y abraza a su padre. Educadamente le da la mano a cada miembro del comité. Agradeciendo a cada uno. Se va caminando del brazo de su padre.

—Isabela... —Dice el mismo miembro del comité.

La joven soprano se vuelve.

—¿Sí?

—Tu mentor también escribió en su carta donde nos pidió que si hacías acto de presencia y una escena como esta sucedía, te dijéramos que miraras en tu carpeta de asignación.

Isabela inmediatamente abre su carpeta, que no ha abierto por varias semanas.

Página tras página contempla el impecable trabajo de su mentora hasta que en la parte de atrás de su carpeta ve el sobre.

"Carta de recomendación para la Academia Nacional de la Música". ¡Siempre estuvo allí! Se da cuenta.

Al abrirla ve una pequeña nota adjunta a ella.

"Peor que la traición es acusar falsamente a nuestros seres queridos de tal ofensa".

El encuentro de los insignes ases de la aviación en lo más profundo del Amazonas

(Amazonas, años 60)

—Muchos, muchos años atrás conocí en la jungla a un hombre extraordinario. Aunque nuestra relación no empezó nada bien, a partir de allí se convirtió en mi mejor amigo en la vida. —Dice el abuelo al nieto, cuando le narra una anécdota clave de su pasado.

—Abuelo, ¿es otra de tus historias de guerra? —Pregunta el nieto con excitación.

—Sí y no. Sé un poquito paciente y verás. —Dice el héroe condecorado muchas veces.

El exaltado nieto se acurruca con su abuelo en la silla que usan para leer todas las noches.

—La historia empieza así...

Volando sobre las llanuras venezolanas, el viejo avión bimotor está a poca distancia de la vasta selva tropical del Amazonas. Directamente enfrente de él, en su horizonte, hay una pared de densa naturaleza, pintada con infinitas tonalidades de verde. La jungla milenaria, lentamente se acerca más y más.

Una vez más la misteriosa e indomable selva espera por la llegada de Samuel Ely Saperstein, un experimentado piloto americano de la Segunda Guerra Mundial. Después de viajar por la región durante las últimas dos décadas, se siente tan cómodo con el ambiente familiar que le rodea como con el zumbido ronco de los motores y la pintura desconchada de su confiable Piper Azteca.

Al principio aparecen pequeños obeliscos en la distancia. Al acercarse aparece una formación de tótems gigantes que salen en el horizonte por encima de la cima de los árboles. Puede ver claramente las peculiares montañas prehistóricas, verticalmente estrechas por los lados y cimas planas. Los Tepuis, como las llaman los locales.

El As de la aviación inicia las preparaciones para ejecutar el espeluznante y temeroso aterrizaje. Uno que ha realizado innumerables veces con anterioridad. Saperstein desciende a quinientos pies enfilando el avión hacia el claro en el tope del gigantesco Tepui en el medio de la selva tropical.

Como siempre, su primer pase sobre el sitio es con sus motores a máximas revoluciones, para que quienes le esperan noten el inconfundible ruido y se enteren de la llegada del frecuente visitante.

Mientras el avión gira en la distancia y regresa, innumerables indios Yanomami emergen de la selva con machetes en la mano y corren hacia el claro.

Con frenesí, todos empiezan a cortar el denso monte y maleza que les llega por la cintura. Al hacer un segundo pase, los Yanomami saludan con alegría la llegada de su confiable benefactor de su suministros vitales incluyendo medicinas y herramientas esenciales, tales como sus preciados machetes.

Momentos después de un diestro y preciso aterrizaje ejecutado con solo un par de pequeños saltos en poco menos de 200 metros, el avión se detiene. El líder de la tribu, Itakere, le da la bienvenida a Saperstein que justo después da un brinco a tierra desde el ala. Los viejos amigos se abrazan mientras el avión es descargado.

—Bienvenido seas viejo amigo, —Le dice Itakered en un inglés perfecto.
—Feliz de estar aquí, —le responde el piloto.
—Tenemos tanto acerca de qué hablar, —le dice el líder de la tribu.
—Ciertamente así lo es. He esperado este momento por mucho

tiempo, aquí están los libros que te traje, — Le dice el piloto.
—Siempre es un honor recibir tus ofrendas. Tu generoso corazón me ayuda a construir una preciosa colección, —Dice el jefe de la tribu.
—El placer es mío, —dice el piloto.
—Pero antes de que empecemos, hay alguien quien te quiero presentar.

En la fogata de la tribu está un hombre con barba que descansa y luce enfermo. Múltiples vendas cubren sus extremidades.

—Él vuela aviones y es también un expiloto de la Segunda Guerra Mundial. Hoy en día es piloto de río, pues lo rescatamos días atrás aguas abajo a día y medio de aquí, caminando.

Los ojos de Samuel se agrandan ¡llenos de interés!

—¿Se estrelló?
—Sí, en un avión anfibio en el río; por eso es que todavía está vivo, porque chocó con el río, en vez de con los árboles o tierra.

Horas después, mientras los viejos amigos juegan una partida de ajedrez, el piloto despierta.
Luce confundido y le cuesta enfocarse.
Cuando el hombre herido ve al piloto americano su mirada se agudiza llena de sorpresa, y en seguida se relaja a la vista de otro visitante de la selva como él. Los dos jugadores se percatan y tornan su atención al piloto de río. El piloto americano se levanta y aproxima al hombre convaleciente

—Samuel Ely Saperstein, —dice extendiéndole la mano.
—Ernesto Otto Gerlach, —responde el piloto herido extendiendo la suya.

Al chocar las manos, Saperstein reconoce de inmediato el fuerte acento alemán y suelta su mano, se da la vuelta y sin decir otra palabra se marcha. Al líder de la tribu le sorprende esta actitud, tanto como le sucede al piloto alemán.

—Sr. Gerlach permítame ir a averiguar qué acaba de suceder aquí, ya regreso.

Itakere encuentra a Samuel caminando de un lugar a otro dentro de su habitual aposento.

Cuando el jefe de la tribu entra, Samuel le hace un gesto con la mano que indica su deseo de no hablar y que le deje solo. Itakere regresa pensativo al fuego y al piloto convaleciente.

—¿Ustedes se conocen desde antes? ¿Hay algún problema entre ustedes?

—No, nunca lo había visto hasta ahora.

—¿Por qué su reacción entonces?

—Él es alemán y yo soy judío, es algo que quizás usted no entienda.

—No, no lo entiendo. Solo tus libros me han enseñado acerca de lo que sucedió en la 2da Guerra Mundial, pero tu actitud no tiene diferencia alguna con el comportamiento de algunas tribus rivales aquí en la selva.

El jefe indio se acerca y le pasa su brazo por el hombro.

—Ven conmigo para hablar con tu colega piloto.

En la hoguera encuentran al piloto alemán sentado, todavía con sorpresa en su rostro.

Ambos hombres se contemplan por un largo rato, hasta que Samuel se suelta a hablar.

—Todos mis tíos, tías, primos, primas, abuelos y amigos de la infancia murieron en los campos de concentración en mano de los nazis, —dice jadeando el piloto judío-americano. —La única razón por la que mis padres, mis hermanos y yo sobrevivimos a la guerra fue porque nos mudamos a América. Mi padre fue contratado por una universidad americana antes de que la guerra empezara, —añade Samuel. —Desde muy joven me enlisté para luchar contra ustedes y cuando tuve la edad suficiente lo hice en el cielo, tumbando todos los aviones que pude, humana y físicamente posible, —continúa Samuel.

Hay un silencio incómodo mientras el piloto alemán escucha, su comportamiento es natural, su rostro no luce incómodo mucho menos culpable. Con profunda calidez humana en su voz responde…

—Señor, no sé nada acerca de usted pero siento su profundo dolor y pena. Primero que nada nunca he sido un nazi y no se tome esto como una conveniente excusa décadas después de la guerra. No en mi caso, yo no nací en Alemania sino en este bello país suramericano, Venezuela, en la región petrolera del Zulia. Cuando tenía 12 años mis padres, ambos nacidos en Alemania, me enviaron a Hamburgo para que completara el bachillerato allá. Ellos quisieron que conviviera con nuestros familiares y que experimentara la cultura de su país natal. Una vez allí descubrí mi pasión por volar, así que a los 14 años empecé a volar planeadores. Desafortunadamente, a los 16 años fui reclutado forzosamente a la fuerza aérea alemana —la Luftwaffe— al final de la guerra se estaban quedando sin nada, inclusive sin pilotos, así que hasta adolescentes como yo fueron enviados a la guerra. Solo duré seis meses volando para ellos, en una misión de reconocimiento fui derribado volando sobre Polonia y me capturaron en el momento que toqué tierra con mi paracaídas. Aun cuando la guerra terminó poco después, pasé dos años en un campo de concentración en Polonia. Me liberaron solo porque después de sufrir una neumonía pensaron que me estaba muriendo. Fui liberado con otro prisionero igual de enfermo que yo y empezamos a caminar, y como estábamos medio-desnudos, vestidos únicamente con un par de pantalones cortos, en la primera villa polaca que encontramos nos regalaron un par de camisetas y sandalias. De allí caminamos hasta Hamburgo. Me encontré una ciudad totalmente destruida y mis familiares con grandes dificultades. Lo único que quería era regresar a mi país de origen y lo hice, pero no antes de obtener mis papeles de viaje. Para lograrlo tuve que atravesar, principalmente a dedo, una Alemania devastada en ruinas y con hambre, hasta llegar a Berna, la capital de Suiza donde en la embajada venezolana por fin pude conseguir un pasaporte. A seguidas tuve que atravesar toda Alemania nuevamente. Esta vez seguí al norte hasta Oslo, Noruega. El único lugar desde donde barcos de carga todavía salían hacia Venezuela. Después de una espera de tres meses finalmente pude montarme en un carguero que me llevó hasta Caracas y eso fue hace 40 años atrás. Desde entonces nunca dejé de volar y el Amazonas ha sido mi segundo hogar desde hace muchos años ya. —Dice el piloto venezolano-alemán.

Lágrimas inundan el rostro de Samuel.

—Lo siento muchísimo, por favor perdóneme. —Dice el piloto judío-americano.

—No hay nada que perdonar, como puede ver no tengo sentimientos de culpa por la Segunda Guerra Mundial. Yo estoy avergonzado por lo que Alemania hizo, pero no fui parte de ello, por lo menos voluntariamente. Y lo mismo ocurre con la vasta mayoría de los alemanes de hoy en día, especialmente 20 años después. Señor Saperstein, usted puede, pero nunca debe olvidar, sin embargo, tiene que aprender a perdonar, especialmente a sí mismo. —Concluye el As de la aviación venezolano-alemán.

Con profunda satisfacción y orgulloso de su viejo amigo, Itakere le ve partir. Cumpliendo su deber con gusto con la ayuda de los miembros de la tribu, Samuel monta al piloto Venezolano-Alemán herido en su avión. Desde el tope de el gran Tepui, la casa de los dioses, (como lo llaman los nativos), Samuel acelera sus motores al máximo poder para el espeluznante y corto despegue. Y una vez más, desde la improvisada pista de aterrizaje situada en la parte de arriba de la meseta de una montaña prehistórica, el avión despega rozando las puntas de los árboles, en camino hacia el cielo.

De allí en adelante, el par de pilotos, ambos ases de la aviación, establecen una amistad duradera, un piloto judío-americano y el otro un piloto venezolano-alemán construyen un lazo inquebrantable por el resto de sus vidas.

No todo lo que oímos es lo que parece ser

Las falsedades pueden engañar,
y aunque residen al otro lado de la realidad,
las perogrulladas también pueden ser esquivas.

A menudo no queremos decir lo que decimos,
esto ocurre cuando lo que realmente pensamos o hacemos
no está en sintonía con lo que sale de nuestras bocas.

Cuando en privado nos desviamos
de lo que realmente queremos decir
no solo no estamos persiguiendo la verdad,
también estamos intentando crear una falsa realidad
en la que podemos terminar
creyendo nuestras propias mentiras.

De ahí que la detección de falsos negativos o falsos positivos,
se convierta en un imperativo existencial.

Lo que escuchamos
Lo que es dicho,
De repente pierde peso, valor y respeto.

Lo que importa entonces es que
lo que realmente quisimos decir con palabras
no es lo que escuchan los demás
cómo no todo lo que escuchamos es lo que parece ser,
sino algo distinto.

El luthier de Mittenwald

En el ámbito de los violines, violas y violonchelos, hubo una vez un artesano magistral
—Un luthier, como no había otro igual en todo el mundo.

Su nombre era Leo Schoeffer. Nació en un pequeño pueblo llamado Minttenwald, en la región de Baviera, Alemania del Sur.

Sus ajustes y retoques iban mucho más allá de la elaboración, reparación, restauración, ajuste fino, incluso encordado, de cualquiera de esos preciosos instrumentos. Sus incomparables habilidades no solo estaban en la calidad de su trabajo, pero también en el que su nivel de destreza al trabajar la madera –era mejor que ninguno– lo que lo distinguía como el mejor luthier que jamás haya existido, era el hecho de que Leo podía "sentir" y "respirar" los instrumentos de cuerda.

Una magnífica noche de invierno, mientras asistía a un concierto de gala en Munich, la ciudad más grande de Baviera, el luthier observó atentamente dentro de la belleza y magnificencia de la música, aunque no perceptible para la audiencia, que algo andaba mal con el violinista principal.

Esta anomalía estaba ocurriendo a pesar de que lo que se escuchaba en toda la sala de conciertos, era la frescura de la música de cámara, impecable y esplendorosa. Era como que el sonido venía directo del cielo y de los ángeles. Y, sin embargo, para el experimentado Luthier, la íntima y profunda conexión entre el violinista y su instrumento simplemente no estaban allí.

Después de un gran final "apoteósico", el violinista y la filarmónica fueron ampliamente aclamados por el público; tres veces cayó el telón, tres veces tuvo que ser levantado porque continuaban los aplausos.

Poco después, el siempre perspicaz luthier fue detrás del escenario para encontrar a su amigo de toda la vida y su cliente, el genial violinista.

—¿Qué ocurre? —preguntó el luthier.

—No lo sé, es un misterio para mí, —respondió el violinista.

—¿Lo dejaste caer?

—No.

—¿Golpeaste algo con él?

—Negativo. Como de costumbre, nunca abandono mi vista hasta que el violín está debidamente guardado y seguro en casa.

—¿Afinación quizás?

—No. Está perfectamente afinado.

—Déjame ver.

Con mucho cuidado, el violinista entregó el Stradivarius centenario, valorado en millones, a la única persona en el mundo que no fuera él, a quién le permitía tocar su irremplazable instrumento.

Primero, con una pausa deliberada, el luthier acercó el violín a su oído mientras golpeaba suavemente —utilizando un solo nudillo— cada centímetro de la superficie de madera.

Escuchó con atención la acústica de los ecos, resonando en toda la cámara interior del violín.

Luego, procedió a deslizar delicadamente tres dedos sobre la carcasa del violín, olfateando dactilarmente cada curva, ángulo y articulación del invaluable instrumento musical; hizo esto con los ojos cerrados, buscando y esperando absoluta perfección y suavidad en la vieja madera genialmente elaborada.

Cuando terminó, el luthier sonrió al violinista.

—Déjame trabajar con él y te averiguo qué está pasando.

Al día siguiente, el luthier devolvió el Stradivarius al violinista.

—Toca una pieza musical, por favor, —pidió el artesano.

El artista ansioso, tomó el arco del violín en su mano derecha y con su brazo izquierdo extendido, montó el violín en su hombro y contra su barbilla.

Pero justo antes de que el virtuoso comenzara a tocar, el luthier notó el malestar del genial artista, una vez más.

El músico tocó un par de notas con su amado instrumento y se detuvo.

—Sigo teniendo el mismo problema y no sé de qué se trata. ¿Qué pasa? —dijo el frustrado violinista.

Con una sonrisa bondadosa, el luthier se acercó al violinista.

—No muevas el instrumento, —dijo el luthier.

Con gran cuidado y mucho tacto, el luthier movió ligeramente la posición del violín en el hombro del violinista.

—Ahora vuelve a colocar la barbilla en el violín, —pidió el luthier.

El violinista lo hizo y su cara se transformó iluminándose de inmediato.

Entusiasmado, el gran violinista tocó un solo de 10 minutos, liberando con furor y alegría toda su pasión y deseo musical reprimidos.

—¿Qué le hiciste? —Preguntó el violinista exhausto pero radiante.

—Francamente... nada..., —respondió el luthier.

El violinista reaccionó con total sorpresa.

—Pero aun así me gané mis honorarios… Verás, pasé horas evaluando tu Stradivarius y además de pequeños retoques, nada más era necesario. Llegué a la conclusión de que el problema era de otro tipo. Repasé en mi mente tu actuación en el concierto y tu sutil malestar, —explicó el luthier.

—¿Lo notaste? —Preguntó un violinista sorprendido.

—Por supuesto, a estas alturas ya conozco bastante bien tu rutina.

—¿Cómo lo arreglaste…

El violinista empezó a decir, pero se interrumpió.

—… mi postura? —Preguntó.

—No exactamente. Todo estaba en el posicionamiento de tu Stradivarius en tu hombro. Cuando volví en mi mente al concierto, reproduje tu actuación, una y otra vez, hasta que me di cuenta el cambio sutil en comparación con el pasado.

—¿Lo notaste? —Preguntó el violinista.

—Eso es correcto, una sutil corrección mecánica te colocó en el estado de ánimo adecuado para provocar la simbiosis imperativa, la comunión, la UNIDAD entre el violín y tú, —dijo el luthier.

Luego agregó:

—En gente como tú esa es la única manera como la soberbia e incomparable calidad de tu violín Stradivarius unidas a tu inmenso talento brotan simultáneamente y a todo dar. Una desviación tan diminuta, un cambio mínimo casi que imperceptible, crea la diferencia entre la grandeza ordinaria y el genio absoluto, desenfrenado y galopante, —concluyó el magistral artesano.

La joven de Budapest

La joven caminaba por las calles en ruinas de Budapest, sus ropas andrajosas y sus zapatos gastados coincidían con la mirada hambrienta y los ojos tristes dibujados en su rostro.

Una barra de pan aquí, una taza de sopa caliente allá, eran limosnas apenas suficientes para sustentarla. Pero no por mucho tiempo. No quedaba nada de la casa donde nació, solo escombros y ruinas, donde una vez estuvo la magnífica residencia.

No tenía idea de si algún miembro de su familia todavía estaba vivo, cuatro años antes la habían enviado a un convento en lo alto de las montañas Dolomitas italianas al cuidado y protección de su tía, la hermana de su madre, la monja.

—Sofía, la guerra puede llegar pronto a Budapest, estarás a salvo con Clara, —dijo su madre. —Tu hermano se quedará con tu tío Alfonzo en Nueva York, —agregó su madre refiriéndose al hermano de su padre.

—¿Y ustedes dos? ¿Por qué se quedan? ¿Por qué no nos vamos todos juntos? —Preguntó Sofía.

—Porque tenemos que proteger nuestra casa y la fábrica de tu padre, —dijo su madre. —Además, todo esto puede terminar pronto, en ese caso, volverás de inmediato.

—Quiero que todos nos quedemos juntos aquí en casa.

—Lo siento, Sofía, pero no es seguro que estés aquí, —dijo su madre con firmeza.

Temprano a la mañana siguiente, Sofía fue enviada en tren al convento en las altas montañas de Italia. Pero no antes de que tuviera lugar una despedida sombría y llorosa. Sus padres y su hermano menor Thomaz diciendo adiós eran las últimas imágenes que tenía de ellos. Solo sabía que poco después de su llegada al convento, los nazis se habían apoderado de Budapest. Ella ni siquiera sabía si su hermano había llegado a América. Nadie contestó sus cartas ni de Budapest o los Estados Unidos.

Cuatro años después la guerra terminó. Ya tenía 18 años, era una joven adulta, así que Sofía decidió volver a casa contra los fuertes deseos de su tía, la monja.

Finalmente, de vuelta a su ciudad natal, no sabía que hacer ni tampoco tenía adónde ir.

Se sentó durante horas en la puerta de su casa, lo único que quedaba en pie de la propiedad.

Sofía lloró suavemente, sus sollozos iban y venían como olas de tristeza y anhelo que la inundaban. Primero, vinieron a ella como un susurro. Trató de concentrarse y salir de la neblina en la que estaba.

—Sofía, ¿eres tú?

Escuchó un susurro.

Lentamente levantó la cabeza como hipnotizada. Primero no vio a sus padres y su hermano ahora adulto. En medio de su debilidad y la bruma, pensó que estaba alucinando mientras tres figuras se movían en cámara lenta hacia ella aun cuando estaban literalmente corriendo.

Finalmente reaccionó en un abrir y cerrar de ojos. Sus ojos se agrandaron y su mirada se hizo intensa.

—Mamá, papá, Thomaz, —gritó.

Sus labios temblaban y su corazón latía con fuerza.

Sofía saltó y corrió con toda la energía que le quedaba.

Todos se abrazaron y besaron sin fin, toda la familia estaba junta de nuevo.

—Fuimos a recogerte al convento, tu tía nos dijo que estabas de camino hacia aquí. Supimos que estaban todos a salvo, pero que lo pasaron mal, —dijo su mamá.

—Estábamos incomunicados del mundo, madre. Durante los últimos meses apenas había comida, carbón o leña, —dijo Sofía.

—Hija, a nosotros tampoco nos fue mucho mejor. Escondidos en un monasterio en lo alto de las montañas Tatra de Eslovaquia. Lo perdimos todo, Sofía, —dijo su padre.

—No papá, no es así, lo tenemos todo, ¡Nos tenemos a todos juntos, sanos y salvos!

¡La familia está entera, papá, y en estas circunstancias, eso es lo único que importa! —Dijo la joven de Budapest.

Juntos para siempre, todos para uno y uno para todos

Estamos todos juntos en esto,

somos por siempre todos para uno y uno para todos.

Lo vamos a lograr,

físicamente distantes,

pero tan cerca unos de otros

como nunca antes.

Vamos a lograrlo,

juntos, como siempre, todos como uno solo.

Se esparce silenciosamente ...

intentando despiadadamente socavar nuestra Sociedad,

amenazando con destruir fulminantemente

la forma en como vivimos

tal como la conocemos.

Hay solo un problema para que gane el virus,

¡NOSOTROS!

Tiene que derribarnos primero,

pero eso no puede o no sucederá,

¡ni siquiera es una opción!

Por mí, por ti, él, ella, ellos,

¡Por todos nosotros!

Obstinadamente a través de grandes sacrificios,

resilientes y duraderos,

simplemente no estamos dejando

que la enfermedad crezca exponencialmente

a nuestro alrededor.

Verás...

Además de tus sacrificios y los nuestros,

Tan importantes...

Algunos de nosotros hacemos milagros por minuto

Algunos de nosotros somos guerreros intrépidos,

atacando implacablemente y de frente

al insidioso enemigo.

A nuestros HÉROES anónimos,

los honramos, saludamos

y les estaremos eternamente agradecidos,

ante ustedes seremos siempre humildes,

y por siempre nos servirán de ejemplo e inspiración.

Ustedes lo son y lo hacen todo,

Siempre están EN CUALQUIER LUGAR,

donde se les necesita,

haciendo acto de presencia,

DE CUALQUIER MANERA, como les sea requerido,

no fallan EN NINGUN MOMENTO que se les solicite,

SIEMPRE ESTÁN DONDE deben estar.

Trabajando durante el día

Trabajando a través de la noche,

todos dependemos de ustedes,

y lo hacemos con los ojos cerrados,

confiando sin freno y fe ciega.

Ustedes se exponen incesantemente al peligro,

sacrificándolo todo por el bien común,

ustedes pierden a algunos de nosotros,

pero salvan la vida a muchos, muchos más.

Ustedes iluminan y nos guían

a través de esta tormenta biológica,

para que nuestra raza indomable venza la enfermedad,

deteniendo la marcha de la naturaleza en sus raíces.

Ustedes devuelven la vida a nuestras abuelitas,

preservan al abuelo para que lo disfrutemos,

además, rescatan y salvan:

a nuestras madres y padres, a nuestros hijos e hijas,

a nuestras tías y tíos,

nuestras sobrinas, sobrinos, primos, amigos y vecinos.

Nos devuelven a todos

desde las Fauces mismas de la Muerte.

Mientras tanto luchamos y enfrentamos a la pandemia,

mientras tanto trabajamos y nos esforzamos

más aun combatiéndola,

rechazándola a través de esfuerzos sin tregua

cuyo único objetivo es el no dejar crecer el virus,

y finalmente derrotarlo;

Todos juntos estamos defendiendo a la raza humana

con un solo objetivo en mente;

El que nunca, nunca jamás

Nos daremos por vencidos

ni abandonaremos, ni renunciaremos

a esta preciosa, magnifica e irremplazable Vida

de la que todos disfrutamos.

Se esparce silenciosamente ...

tratando de socavar nuestra Sociedad,

¡Pero no puede triunfar; nunca ganará!

Tiene que derribarnos primero, pero eso no puede suceder;

Ni siquiera es una opción, simplemente porque

¡No dejaremos que suceda, no dejaremos que sea!

Esta abominable infección es de hecho

una oportunidad existencial,

Dónde,

Nos Amamos y Protegemos,

Somos cariñosos y amables,

Abrimos y compartimos nuestros corazones,

Damos sin pedir nada a cambio,

Como nunca antes disfrutamos, compartimos

y nos divertimos en compañía de otros,

nos comunicamos

y nos divertimos juntos mejor que nunca,

Y gracias a las infortunadas circunstancias, de repente,

Somos infinitamente más agradecidos

de todos y todo lo que nos rodea.

Adicionalmente,

Aprendemos cosas nuevas acerca

de nosotros mismos y los demás,

especialmente en temas importantes echados al olvido,

tales como:

La Cercanía, La Intimidad, La Empatía,

La importancia de los pequeños detalles en la vida

El estar conscientes de que estamos vivos,

de qué vivimos un mundo conveniente y cómodo.

Y así descubrir el precioso botín

del estar conscientes de que estamos vivos,

Aprendemos cómo

conquistar la rutina, el aburrimiento

y la Ausencia de Objetivo y propósito en la vida.

Asimismo, al estar juntos

compensamos por el tiempo perdido

y las separaciones,

Además, aprendemos a el tiempo mejor.

Finalmente entendemos lo que significa

"Ahorrar para un día de lluvia".

Y a través de todo,

Volvemos a visitarnos, reconectándonos,

reuniéndonos, reencontrándonos;

además, entrenamos, aprendemos,

repensamos, rehacemos,

retomamos, reiniciamos, replantamos,

Reintentamos, Reintentamos y Reintentamos,

refinamos y reimaginamos,

en otras palabras,

Construimos la oportunidad de reiniciar la vida de nuevo.

Estamos todos juntos en esto,

Vamos a lograrlo todos juntos,

Juntos para siempre, como uno solo

Todos para uno y uno para todos.

El titiritero y el joven inquisitivo

Mientras el titiritero halaba de los hilos con habilidad y arte las marionetas hacían reír a la audiencia —especialmente a los niños.

En cada uno de sus movimientos permaneció escondido detrás del pequeño y cuadrado escenario.

A través de los talentos vocales del titiritero los personajes animados y nerviosos se atacaban unos a otros; discutían, cantaban, reían, gritaban, maldecían y hablaban con voz alta —en falsetto.

Al final, las figuras luchadoras siempre cautivaban a su audiencia, causando alegría y deleite en las pequeñas multitudes que se reunían todos los días para asistir al espectáculo.

El maestro titiritero viaja como un gitano en un itinerario sin fin presentando su espectáculo en pequeñas plazas, a través de la acogedora costa griega en pueblos de pescadores, a lo largo del mar Jónico.

La arquitectura blanca en su mayoría contrasta armónicamente con una cornucopia de colores folclóricos; las terrazas, balcones, azoteas, aceras y gloriosas macetas repletas de flores pintan con aire de deliciosa alegría todo a su alrededor.

El acto del titiritero es toda una tradición en la costa jónica y al estar lleno de alegría es una distracción que resuena en cada rincón Mediterráneo y en los pueblos agradecidos con su espectáculo.

Una tarde en particular mientras terminaba el espectáculo, un joven esperaba pacientemente que el viejo titiritero terminará su función.

—Titiritero, Titiritero, tu espectáculo me hace realmente feliz, —dijo el joven mientras el artista soltaba sus accesorios.

—Muchas gracias, tus palabras son muy amables, —respondió el artista callejero.

—Señor, me preguntaba ¿cuánto control tienes sobre tus marionetas?

—Esa es una pregunta muy perspicaz, joven. Pero dime, ¿qué te impulsa a interrogarme de esa manera?

—Bueno, me parece que, aunque muevas todos sus hilos para que tus marionetas cobren vida, una vez que tu hábil maniobra las pone en marcha, parecen tener una vida propia.

Incluso sus voces parecieran trascenderte. Es como si a través de tu acto, múltiples personalidades y caracteres emergen y se separan de ti.

En el trasfondo, de una conversación cada vez más profunda, yacen las figuras inertes con sus hilos desparramados; sus animados y coloridos atuendos revolotean con la suave brisa del mar.

Por lo que parece una eternidad el titiritero observa al joven con ojos perplejos pero respetuosos.

—Permíteme compartir contigo lo que sucede detrás del escenario. Como en la vida, deliberadamente, conscientemente o no. Nosotros, tú, yo, ellos siempre estamos moviendo algunos de los hilos.

—Pero lo que buscamos o pretendemos controlar nunca funciona exactamente como queremos o esperamos que sea, —comenta el joven inquisitivo.

—Tienes razón, a veces las cosas adoptan una vida propia y ese es ciertamente mi caso, —dice el titiritero.

—¿No te sientes incómodo por no tener el control del espectáculo y los hilos que mueves? —pregunta el joven.

—No, no lo estoy, así es como todo funciona y fluye en la vida, tiramos, pero no somos los hilos; las dirigimos y los conducimos, pero no somos las marionetas; escribimos y ensayamos; ajustamos, corregimos y arreglamos, una y otra vez, sin embargo, no somos la actuación o el acto en sí, —reflexiona el diestro artista.

Luego continúa:

—Cuando es la hora del espectáculo, el artista, el creador y el maestro de cuerdas, se vuelven secundarios a los títeres y marionetas. Esas figuras rebeldes y caóticas son las que cobran vida y se roban el espectáculo, —agrega el intérprete itinerante.

—Entonces es cierto, durante el acto las marionetas están realmente vivas, —dice el joven inquisitivo.

—¡En cierto sentido, sí! Al menos así es como tú lo percibes. Eso es lo que crees, sin embargo, de cara al público, pareciera que un titiritero como yo, controla todas las cuerdas y marionetas. Tal como en la vida, eso es solo parcialmente cierto, de hecho, a veces yo mismo soy el títere o la marioneta. Más allá, dependiendo de cómo lo miremos, de alguna manera, una vez que comienza el espectáculo, apenas tengo control al menos hasta el final, —dice el titiritero.

—¿Y qué pasa cuando se acaba?

—¿Recuperas el control? —Pregunta el joven interrogador.

—Sí, pero sólo de objetos y accesorios inertes y sin vida. Sin el show, los actores, el público y la actuación, la magia simplemente ¡se acaba!, —dice el sabio artista, y luego agrega, —como titiritero, yo ejerzo el control y tiro de los hilos mientras dejo que los títeres que manipulo sean sus propios personajes. Y eso es exactamente cómo funciona la vida, no controlamos nada ni nadie más que a nosotros. Difícilmente podemos guiar, dirigir, mucho menos controlar a los demás. La vida es como un espectáculo de marionetas con vida propia al que apenas podemos controlar.

El Troll y el empecinado joven de Tromso

La vista desde lo alto del lecho rocoso y plano es impresionante, se esparce por millas y millas sin fin; debajo, se pueden ver azules y verdes profundos, reflejando una perfecta postal noruega con inmensas y sinuosas extensiones de agua; llenas de bahías irregulares y estuarios —los famosos fiordos nórdicos— canales de agua enmarcados por montañas verticales y gigantes, que en ambos lados lo saturan todo.

El empecinado joven creció en los largos días y noches de Tromso, ubicado en la tierra de los vikingos, no lejos de Nordcap, el lugar civilizado más al norte del mundo antes del polo norte.

El esfuerzo de hoy por llegar a la cima de la montaña es la culminación de una larga recuperación para el joven Oleg. Después de su tercer cumpleaños, no pudo caminar, ni siquiera mover más las piernas. Una bacteria, dijeron había afectado sus extremidades inferiores y habilidades motoras.

Respira profundamente inhalando con placer el templado aire de la cumbre de la montaña.

Se para sobre ambas piernas, las que le dijeron innumerables veces que nunca iba a poder usar. Nunca más.

—Así que finalmente lo lograste, joven Oleg, —dice con voz atronadora el troll de la montaña, su amigo desde hace mucho tiempo.

Un insidioso gnomo de cabeza grande y nariz muy larga y ondulada, con una gorra en forma de cono y pantalones cortos "tiroleses" con tirantes, el troll de la montaña nunca es tan amigable con nadie. De lo contrario, su reputación a través de una vida centenaria es de travesuras, estragos y caos, pero su relación con el determinado joven ha sido diferente desde el principio.

Todo comenzó desfavorablemente cuando un niño pequeño de ocho quizás nueve en la base de la gran montaña, decidió no tomar el teleférico sino subir a pie. La detestable figura contempló la hazaña del joven con desdén y escepticismo.

'Él podría tomar el teleférico y en solo unos minutos llegar a la cima; este chico es un tonto', reflexiona el troll de la montaña mientras contempla al joven Oleg con aparatos ortopédicos para las piernas y muletas tratando de subir la montaña.

—¿Por qué te molestas? Nunca lo lograrás, —dice el troll que de pie desde una roca le contempla con los brazos cruzados.
El joven minusválido apenas reconoce su presencia.
—Puede que no lo logre hoy, pero eventualmente lo haré. — Oleg le contesta con una gran sonrisa.

El troll de la montaña está realmente impresionado. Su mera presencia, junto con una voz espantosa siempre asustó a los demás. Pero no a este joven.
'¿Qué clase de muchacho es ese?' Se pregunta un troll intrigado.

Ese día, Oleg apenas pudo caminar unos cientos de metros. Pero a la mañana siguiente, el joven trató una vez más y esta vez logró el doble de distancia.

—¿Por qué te torturas a ti mismo? —Preguntó el troll de la montaña.
—Estoy disfrutando el esfuerzo Troll, ¿no entiendes? —Oleg dijo.
—En realidad no, —respondió un Troll incrédulo.

Durante todo el verano, Oleg continúa progresando. A veces no avanza mucho en distancia o logra progresar nada en absoluto.

Pero lo compensa con un mejor equilibrio y mayor eficiencia en su esfuerzo general.

Lo que realmente asombra al troll de la montaña es que cuando llegan las largas noches de invierno Oleg no deja de venir una y otra vez a seguir tratando de conquistar la montaña.

A la misma hora al mediodía todos los días bajo un sol tenue, como un reloj apareció y siguió avanzando dos pasos hacia adelante, uno hacia atrás, tres hacia adelante...

—¿Qué quieres de todo esto? — Preguntó el troll de la montaña.

—Para perfeccionar y mejorar mi capacidad para caminar, estoy trabajando en mis habilidades y talento, —dijo el para entonces muchacho de 14 años.

En ese momento, Oleg ya podía caminar con los aparatos ortopédicos para las piernas por todo el camino hasta el medio de la montaña. De hecho, hace un tiempo, había abandonado por completo las muletas.

—Oleg, ¿cuál es el ingrediente clave que te mantiene haciendo este esfuerzo una y otra vez? —Preguntó el troll de la montaña.

—Mi concentración en mi objetivo final no cambiaré ni me desviaré hasta que llegue a la cima de la montaña, —Oleg dijo.

Cuando tenía 16 años, Oleg intentó el desafío definitivo. Se quitó los aparatos ortopédicos para las piernas, pero apenas podía aguantar mucho menos caminar. Su ahora cercano compañero y admirador, el troll de la montaña, estaba desanimado y pesimista.

'Llegué a creer que iba a subir la cima, pero ¿ahora?', reflexionó al ver al joven indefenso.

Oleg volvió al punto de partida al pie de la montaña donde solo podía caminar unos cientos de metros.

—¿Eres masoquista? ¿Te gusta sufrir o tener dolor? —Dijo el ofuscado troll de la montaña.
—De ninguna manera, al contrario, siempre estoy feliz. Mi madre dice que nací con una disposición innata y alegre para la vida.
—Bueno, verte caminar no parece algo alegre para mí, —dijo sarcásticamente el troll de la montaña.
—Talento y habilidades adquiridas por concentración no son suficientes, además, debo tener las ganas y la predisposición, la voluntad de sacrificarme, de soportar el dolor y las luchas en el proceso de aprendizaje, —dijo el muchacho, ahora de 18 años.

Hoy día, Oleg finalmente camina solo todo el camino hasta la cima de la montaña sobre los fiordos noruegos y su ciudad natal de Tromso. Lo hace con mucho esfuerzo, pero aparentemente para el ojo inexperto, como cualquier otro excursionista.

—Oleg, mi más querido de todos los amigos, —comienza a decir el troll de la montaña. —¿Cuál es tu ingrediente secreto?
—Talento, habilidades, enfoque, concentración, disposición al sacrificio y lucha no son suficientes.
—¿Cuál es el componente mágico final, el catalizador a todo lo que has logrado?
—Pasión, Troll, me encantó hacer lo que hice ¡y eso me hizo pura y simplemente feliz!

Finalmente, después de un largo viaje que duró una eternidad se dio el lujo de bajar en el teleférico de camino a casa. El hermoso sol de otoño nórdico se pone en el horizonte mientras el troll de la montaña se despide de su amigo para siempre, Oleg, el joven empecinado de la ciudad noruega de Tromso.

El escultor y la piedra

Primero vio la piedra en un sueño…

Al día siguiente,

su experiencia onírica

se transformó en una imagen clara y nítida,

una vívida visualización artística.

El genial artesano

exigía el mejor de todos los mármoles,

esperaba un bloque de piedra sin defectos.

El ilustre escultor

quería el más blanco de todos los colores.

Un bloque de mármol cuya pureza y perfección

saltaran a primera vista.

Quería además que su suavidad y delicadez

fueran palpables para que respondieran de inmediato

a sus excepcionales destrezas artísticas.

Sus exigentes órdenes se llevaron a cabo

muchas veces en las famosas canteras de Carrara

en el norte de Italia.

Pero ninguno de los bloques

que el artista magistral recibió

cumplió con sus expectativas

de ahí que los utilizara para proyectos menores.

Entonces la vio

el tema de su obra caminaba por la calle

frente a su icónico taller

y se dirigía hacia el centro de la ciudad de Florencia.

Su piel parecía hecha de delicada porcelana

sus rasgos faciales proyectaban inocencia,

sinceridad, bondad y alegría;

Su cabello caía en cascada hasta su cintura.

Su forma y curvas eran suaves y clásicas.

Anatómica y artísticamente hablando,

ella era todo lo que siempre quiso.

A medida que pasaba el tiempo

el talentoso artista se encontró en un dilema;

Tenía la idea y tenía el tema, pero no tenía la piedra.

Así, hasta que un buen día,

llegando tarde a misa,

encontró la puerta principal de la catedral ya cerrada,

agitado buscó una entrada lateral;

encontró una y se dirigió hacia ella,

pero mientras subía los escalones de la puerta,

la vio de reojo y se detuvo.

Sus ojos fijos en la presa,

casi paralizado se movió hacia ella en cámara lenta,

desde lejos era apenas visible,

pero de cerca,

debajo de la suciedad, el paso del tiempo

y las huellas del clima;

justo detrás de una fina capa de maleza, allí estaba,

un gran bloque de mármol con el más blanco

de todos los colores.

Mientras acariciaba la piedra,

el atrevido artista fue capaz de sentir

y tocar de inmediato su pureza.

Resultó que la piedra de mármol

había estado acostada al lado de la catedral por décadas,

abandonada justo después de su llegada,

ya que el escultor original

la había considerado demasiado estrecha

para el proyecto que los regentes de Florencia

le habían encomendado.

Con el tiempo, la ciudad y su gente

simplemente la olvidaron por completo.

Semanas después

con la aprobación del gobierno de la ciudad,

el bloque de mármol olvidado

fue trasladado al taller del gran artista.

La estrechez de la pieza de mármol para los demás,

fue, por lo contrario, perfección total para él.

El escultor magistral simplemente vio en la piedra olvidada

lo que otros no vieron.

Sin embargo, una propuesta aún más difícil

fue encontrar y persuadir a su deseada musa.

Tanto así,

que antes de que ella posara para él

tuvo que ganarse su corazón;

En el camino, ella también lo conquistó a él.

Fue así como el escultor soltero

y el tema de su deseo artístico terminaron casándose,

convertirse en marido y mujer.

Esculpir la piedra le llevó años;

una y otra vez, a través de cada centímetro de la piedra,

el cincel del apasionado artista

talló, cinceló y lijó incesantemente;

Todo requería precisión y exactitud,

cualquier error o equivocación

sería irredimible y probablemente irrecuperable.

La piedra se transformó lenta y progresivamente

en formas congruentes

cada vez más vez más impactantes y trascendentes;

Sin embargo, el artista lo hizo todo con alegría;

El flujo parecía trivialmente fácil;

Desde el principio su visualización

y preparación del trabajo por hacer

permitió su posterior ejecución impecable;

Además, sabiendo exactamente la piedra que necesitaba

y al no aceptar nada menos o diferente,

le permitió esculpir

con comodidad, entusiasmo y confianza.

Lo que no esperaba

o nunca había experimentado antes,

fue el amor verdadero.

Además,

siendo su modelo el tema de su adoración;

un nivel mucho más alto de pasión

impregnó y empapó su talento y ejecución.

Con más de cinco siglos de antigüedad,

la escultura de tamaño real

se ha convertido en una obra maestra atemporal;

la belleza del rostro de la musa brilla radiante

con la luz del amor verdadero.

La piel delicada exhala belleza y perfección;

Su figura bajo ropa rica se puede sentir fácilmente;

Su anatomía destaca por su gran detalle;

Las notorias falanges

lo traslucen e irradian todo a su alrededor.

Su silueta, postura y posicionamiento

todos exudan una vitalidad magnética.

Inmortalizada para siempre

la musa del gran escultor

es una estatua que simboliza el amor

en todas sus dimensiones hasta la eternidad.

Para el escultor, sin embargo,

el mayor logro consistió en no solo elevar su genio

a niveles de creatividad y ejecución artística imperecederos;

incluyendo el preparar, visualizar y tener la piedra correcta;

sino que también fue bendecido con el amor verdadero,

y logró incorporarlo a su escultura;

creando un nivel aún mayor de pasión artística,

donde logró la conexión más sublime

entre La Armonía, La Perfección y El Amor.

Y aunque permanecieron juntos hasta su muerte,

tuvieron muchos niños juntos

y el gran escultor creó muchas obras maestras.

Ella solo posó para él una vez

y el nunca se lo pidió;

pues el amor verdadero es irremplazable e inimitable.

La musa del escultor

se pudo crear una sola vez,

para siempre.

Lafitte versus Lafayette

En lo profundo del pantano de Luisiana, la banda andrajosa de forajidos, bucaneros en la tierra y los mares, descargan las riquezas, que robaron hace solo unos días a una armada española que diezmaron a la nada en una sangrienta batalla de los mares.

Su líder, el apuesto Monsieur Lafitte, es una especie de Robin Hood robando de algunos que acaparan más de lo que necesitan y dándoselo a muchos otros que realmente tienen un uso para ello.

Esta noche su alijo de armas robadas está cambiando de manos por nada; a lo largo de las aguas fangosas y tranquilas, cajas de madera se mueven a través de una cadena humana, contienen municiones, mosquetes y pistolas.

Los insurgentes revolucionarios norteamericanos reciben con algarabía los oportunos suministros de guerra que les ha traído el pirata Lafitte, forajido bravucón, que roba imperios en decadencia y se los da a quienes construyen uno nuevo, libertadores revolucionarios que luchan por formar un gran y poderoso país, los Estados Unidos de América.

A lo largo de las orillas del río Delaware, en medio de la noche, una enorme flotilla de la armada francesa está en guardia, dando protección a la operación clandestina, un valiente visionario dirige la flotilla e instiga la arriesgada misión, un apuesto joven militar francés; un profundo "conocedor" de los asuntos de las colonias inglesas y un colaborador cercano del general George Washington, un francés visionario que forma parte del movimiento de independencia para liberar las colonias de la corona británica.

El Marqués De LaFayette, un oficial del ejército de otro país ha convencido a su propio gobierno acepte que los botines ilícitos del pirata Lafayette les sean entregados a las tropas de los libertadores revolucionarios bajo el mando del general Washington, para así proveerles el armamento necesario mientras luchan para formar un gran y poderoso país, los Estados Unidos de América.

Madre solo hay una

Una Madre Noble solo hay una,
Una Madre Gentil es un tesoro que protegemos
y defendemos sin fin.

Una Madre Cariñosa siempre se merece
cada día de nuestra vida,
todo nuestro amor, honor y respeto,
Una Madre Generosa siempre hace
TODO Y CUALQUIER COSA por nosotros,
algo que nunca dejaremos
ni olvidaremos valorar y reconocer.

Su instinto maternal nunca falla;
Su buen juicio materno tampoco;
Ella defiende ferozmente lo bueno y lo malo en nosotros,
independientemente de las circunstancias.

Ella siempre nos lee mejor que nadie
Corrigiéndonos y volviéndonos a encaminar
en un abrir y cerrar de ojos.

Bajo su manto,
Nadie puede sentir por nosotros como ella lo hace
Nadie puede protegernos como ella lo hace

Porque nadie más que ella
transportó y nutrió en su seno esa cosita que fuimos,
antes de nacer.

Una madre irremplazable y alucinante a la vez,
es lo que ella siempre es,
una bendición, un regalo de Dios es lo que ella es,
una madre noble, amable, cariñosa,
generosa, magnifica y deslumbrante,

Ella lo es todo y mucho más,
Madre solo hay una,
todo eso que ella es.

El vendedor ambulante de Portoviejo

El joven camina por las calles de Puerto Viejo.

Vende incesantemente,

sin permiso,

desde el amanecer hasta la puesta del sol.

Todos los días,

temprano en la mañana,

toma el autobús hasta el centro de la ciudad.

Ahí es donde permanece por el resto del día.

El cabello castaño y rebelde pega contra su frente,

sus ojos siempre miran sorprendidos y asombrados,

el joven usa pantalones cortos arrugados,

zapatillas de lona a cuadros,

y la camiseta de rayas rojas blancas y diagonales

de la Selección Nacional de Fútbol del Perú.

El enérgico joven silba y tararea todo el día,

siempre llevado por su espíritu alegre,

una determinación de acero,

y una disposición soleada.

Empapado de entusiasmo

Mientras pueda llevar la carga
durante todo el día,
el vendedor ambulante normalmente ofrece
el tipo de productos que sus clientes quieren.

Tiene un pulso innato para el mercado.
Es por eso que rara vez se equivoca
cuando elige qué vender cada día.

Lo que ofrece hoy,
parecen hebras irregulares de tela y cuero
colgando de ambos lados de sus antebrazos.

Tras un examen más detenido,
lo que muestra,
son cinturones y corbatas.

Pero su oficio no está exento de contratiempos.

Su principal preocupación
es estar un paso por delante de la policía,
de lo contrario,
sus bienes serían confiscados inmediatamente.

Sabe que las autoridades normalmente miran hacia otro lado,

en cuanto a lo que él hace.

Sin embargo, uno nunca sabe qué tipo de agente de la ley

aparecerá ¿cualquier día en particular...?

Su miedo constante es ser robado,

ya sea por sus clientes potenciales,

o delincuentes callejeros

que desafortunadamente abundan

en las calles de la ciudad.

"No hay mejores lazos y cinturones en el mercado. Los tengo en todos los tamaños y colores, elige uno, dos o tres y este podría ser el día en que la buena fortuna te sonría". Vende incesantemente.

Caminando por un café de la calle,

sin haber sido llamado,

el vendedor ambulante se acerca a una mesa

donde un hombre corpulento y una mujer atractiva,

cenan al aire libre.

Acercándose al lado de la mesa

donde se sienta el hombre desatento,

el joven animado muestra sus cinturones y corbatas

levantando un brazo y luego el otro.

Inicialmente, el hombre corpulento ignora al joven,

pero cuando el efusivo vendedor ambulante insiste,
el hombre lo despide enojado;
y cuando el joven persistente lo intenta de nuevo,
el hombre corpulento explota.

Se pone de pie gritando, maldiciendo y chillando
al conmocionado y asustado vendedor ambulante.

"¿No sabes cómo respetar la privacidad de las personas?"
"Dame uno de esos", dice el hombre corpulento,
inesperadamente tirando de uno de los cinturones
del brazo del joven.
"Esto es solo basura", dice,
y sin siquiera inspeccionarlo,
tira violentamente el cinturón al suelo.
"Ahora, sal de aquí"
El hombre enojado grita.
Ignorando las quejas de su compañera.

Abatido, el joven vendedor ambulante
levanta apresuradamente el cinturón,
y camina rápido por la calle
hasta que se sienta
en un banco de parada de autobús.
Parece abatido,

su espalda está encorvada y su cabeza gacha.

En la mesa, hombre corpulento

cena con gusto,

hasta... que de repente no lo hace.

Inmediatamente después de tragar

un puñado de cacahuetes tose.

Y luego comienza a ahogarse.

Mientras que su compañera parece totalmente indefensa,

en un movimiento apresurado casi violento,

el hombre corpulento salta hasta ponerse de pie,

frenético y agitando los brazos.

El hombre enojado es incapaz de respirar.

Al otro lado de la calle, el joven vendedor

nota la conmoción,

y sin pensarlo corre hacia

el hombre corpulento que se está asfixiando.

El joven vendedor ambulante

se coloca tras la espalda del hombre en problemas,

y desliza ambos brazos por debajo de las axilas

y alrededor del pecho del hombre asfixiado.

Pero cuando trata de levantarlo,

mientras aplica presión

al pecho del hombre asfixiado,

el joven simplemente no puede hacerlo.

El hombre corpulento es demasiado grande y pesado.

Sin inmutarse, el joven lo suelta,

Rápidamente alcanza uno de sus cinturones

y otra vez desde tras la espalda del hombre asfixiado,

desliza el cinturón alrededor de su pecho.

Tirando de ambos extremos de la correa desde la parte posterior,

el joven aprieta el cinturón aplicando más presión

sobre el pecho del hombre.

Los espasmódicos —pero continuos—

movimientos de apriete y liberación

—también conocidos como la maniobra de Heimlich—

buscan provocar en el hombre asfixiado,

el impulso de vomitar.

Y así sucede,

el hombre corpulento tose un pedazo de algo

que lo estaba asfixiando;

el hombre enojado siente alivio inmediato,

cuando algo sale volando de su boca sin previo aviso.

La magia sucede,
el momento de vida-muerte se desvanece en un instante.

Cuando su enfoque y atención regresan,
el hombre corpulento se da cuenta
que el joven vendedor ambulante
le ha salvado la vida.

Su expresión cambia desde el alivio
al bochorno, luego lágrimas de vergüenza.
Camina lentamente hacia su probable salvador
con una expresión de profunda gratitud.

Abraza al joven con fuerza
y comienza a sollozar profusamente,
finalmente liberando todo el estrés y el miedo
que se acumuló mientras estaba angustiado.

"Muchas gracias hacedor de milagros,
no merezco
tu buena acción, generosidad y misericordia".

El hombre corpulento ve
todos los cinturones y corbatas del joven
extendidos en el suelo y,
sin dudarlo,

recoge uno por uno,

una vez organizados,

los entrega al joven vendedor ambulante.

Mientras lo hace, el hombre corpulento,

baja su cabeza en señal

de absoluto respeto

hacia su generoso Salvador.

"Tuviste la integridad y la fuerza de carácter

para dejar de lado en un instante

resentimiento y rencores,

y sustituirlos

con valentía y bondad genuina,

ambos ingredientes clave de un corazón generoso.

Es una lección de vida que me ha bendecido,

una que atesoraré para siempre".

Amabilidad

Es el gesto genuino, espontáneo,
afable y abnegado.

Es la generosidad delicada y noble,
Es la empatía piadosa,
Es la humildad elegante,
y la sinceridad del corazón.

Es el encanto desinteresado,
Una virtud rara que no
busca, espera o necesita recompensa.

Es amor puro empapado de respeto;
Son actos sin ego, sin elogios,
las acciones bien intencionadas,
la elección libremente dada, profundamente sabia,
donde nuestros mejores atributos y el reloj de nuestra vida,
—guiados por las formas más puras del amor,
y dirigidos por pura empatía—
se ponen en buen uso,
para el bienestar o mejora de los demás.

La amabilidad es un regalo celestial

que es difícil de encontrar o darle espacio

en "el gran esquema de la vida",

sin embargo, abunda en cantidades,

y tiene lugar

en los pequeños momentos,

en los detalles mínimos,

ahí es donde reside,

ahí es donde se puede encontrar.

La auténtica amabilidad es

uno de los tesoros más verdaderos y preciosos

que podemos dedicar o utilizar en la vida.

Flores del corazón

Pequeños arreglos florales, predominantemente rosas, se hallan presentes todas las mañanas en cada una de las puertas de la pequeña comunidad suburbana.

Excepto por la niña y su abuela que fisgonean al amanecer desde el ático de la casa victoriana roja, nadie más sabe quién trae las flores y a nadie se le pide que pague por ellas.

Sin embargo, nunca dejan de estar ahí, ni pintar brillantes sonrisas de alegría, así como corazones felices y risas de los afortunados receptores de flores.

Como cada mañana, el hombre humilde y errante coloca arreglos florales justo en las puertas, hermosas rosas rojas preparadas y cortadas con amor y tierno cuidado.

El hombre que entrega flores desde el corazón vive sin un techo sobre su cabeza.

Va desaliñado, viste ropa harapienta y zapatos ruidosos y agrietados; su cabello y barba tupidos están enredados y polvorientos, sus pasos son saltarines y caprichosos, sin embargo, de alguna manera, siempre lo llevan a su destino previsto.

—¿Cómo lo hace? —Pregunta Jenny, su nieta menor.

—Nadie lo sabe, es un hombre sin hogar, —responde con asombro Abuelita, —solo sé que no puede permitírselo, —agrega la abuela.

Su gran secreto en realidad no es tal cosa. Los secretos del corazón no son difíciles de comprender si uno mira lo suficientemente cerca, pero sólo a través de las lentes de nuestro propio amor y afecto genuinos.

El hombre sin hogar hurga y revuelve como siempre lo hace, pero para el caso de sus ofrendas diarias, lo hace en todos los contenedores de basura de las floristerías de la ciudad vecina. Allí encuentra muchas flores desechadas, suficientes para cumplir su propósito y buenas obras diarias.

—Abuelita, ¿puedes ver el tipo de zapatos que usa? —Jenny pregunta con sorpresa en su voz.

—No del todo, querida, solo que son bastante ruidosos mientras los arrastra por el suelo, ¿Qué tipo de zapatos lleva el hombre sin hogar? —La abuelita pregunta perpleja.

—Abuelita, abuela, lleva zapatos de béisbol, el hombre sin hogar está caminando con tacos todo el día, —dice Jenny exaltada y con los ojos llorosos.

—Qué cosa tan terrible para un hombre tan bueno, —observa la abuela dándose cuenta de que debe ser engorroso para el hombre sin hogar.

—¡Qué debemos hacer abuela, tenemos que hacer algo! —Jenny dice.

—No sé, querida, ¿por qué deberíamos cambiar algo? A veces dar implica grandes sacrificios. Por otro lado, la mayoría de las veces no apreciamos ni valoramos lo que hay detrás y lo qué se necesita para que recibamos algunos de los regalos más maravillosos que disfrutamos, —refleja la abuela de una manera abierta.

Improvisando, de repente, la niña tira de su abuela hacia una pequeña tienda. Toda emocionada Jenny pide, elige y compra los zapatos más cómodos que la tienda ofrece.

Luego corre tras el hombre sin hogar y le ofrece los zapatos, quien parece nervioso e indeciso mientras la niña pequeña le coloca los zapatos en las manos y huye inmediatamente de regreso a la abuela.

El buen hombre duda un rato hasta que se sienta en un banco, prueba los zapatos y camina unos pasos. Su cabeza luego gira lentamente, hasta que se encuentra con los ojos de la niña pequeña. El hombre sin hogar destella la más brillante y amplia de todas las sonrisas, y la joven le devuelve la sonrisa temblando de alegría y lágrimas.

El hombre sin hogar luego se aleja, todavía tiene su misión diaria que cumplir, pero el hombre sin hogar lo sabe y está feliz por ello, porque ahora está mucho mejor preparado para lograrlo.

La magia en la luz de un nuevo día

Luz del día,

Luz de vida,

Luz del crepúsculo,

Luz del amanecer,

Luz que brilla,

Luz que ilumina

Luz que cada día sigue

"El círculo de la vida"

Luz que pinta la vida

en un lienzo de "Luces mágicas"

con una paleta de colores infinitos,

con un sinfín de tonos y trazos de pintura,

Luz del día,

Luz de vida,

Luz del crepúsculo,

Luz del amanecer.

Disciplina

La disciplina es una virtud con la que no nacemos.

Por lo tanto, es un código de conducta.

Tenemos que cultivarnos y trabajar extremadamente duro

para que construyamos y cimentemos

este HÁBITO inexpugnable.

Cuando (o hasta que) la disciplina se convierta

en un hábito profundamente arraigado,

se sentirá pesada,

y un lastre que fácil y perennemente

encontramos excusas para evitar.

Al contrario,

de cuando se convierte en una "especie de" rutina militar.

Entonces es una virtud casi imperceptible

en la búsqueda de logros sin fin,

y sobre todo la "Excelencia"

en cualquier cosa en la que nos embarquemos en la vida.

Ímpetu

Cuando el deseo brilla y destella,

y sin embargo,

está impregnado de ingenio y entusiasmo.

Cuando la energía intensa estalla a raudales.

Cuando la predisposición ebulle e irrumpe imparable.

Cuando nuestro impulso está impregnado de "visión de túnel".

Cuando estamos obsesivamente centrados en el objetivo,

mientras tomamos acción

y nos embarcamos en cualquier cosa de la vida,

El impetus es una virtud vital existencial,

una fuerza a tener en cuenta,

ya que nos proporciona bases indestructibles,

apoyando una fuerza interna interminable,

un deseo inquebrantable y constante,

y una determinación de acero irrompible,

para trabajar y trabajar y trabajar,

hasta que prevalezcamos y conquistemos,

al alcanzar nuestros sueños más salvajes,

nuestros sueños más imposibles, improbables;

esos sueños extraordinarios

donde el impulso es un ingrediente esencial,

un componente necesario,

para alcanzar esas crestas de la vida,

picos aparentemente inalcanzables,

que solo los "impetuosos" cabalgan

en el vaivén y vuelta alrededor

de nuestra preciosa, pero muy breve existencia.

Tenacidad

Es osadía con determinación,
Es personificar la "Audacia que no Titubea",
Es el "Filoso Atrevimiento" de la Voluntad,
Es la combinación de ferocidad y fiereza.

Es hincar los dientes
en cualquier cosa de la vida
con el más firme de los agarres.

Es el Impulso Resiliente, Inquebrantable,
La Búsqueda Incansable,
Es el Indicador de una Determinación Absoluta,
El "Vencemicdos" Definitivo,
Una Demostración Irrefutable de Valor y Coraje,
El Ingrediente Secreto para Romper con el Molde del
Conformismo,
mientras se Abraza lo Desconocido,
Es el "Impulso Incontrolable"
de buscar y explorar cosas nuevas,
mientras se calculan los riesgos.

La Tenacidad define qué tan buena es
la Calidad y la Fortaleza
de nuestra Resiliencia,
cuando enfrentamos obstáculos y desafíos,

también se trata de qué tan rápido
nos adaptamos y reaccionamos a ellos.
Siempre estamos preparados para Fracasar,
mientras estamos listos para Rebotar y Continuar intentándolo.

La Tenacidad es la mejor fórmula
para Aniquilar y Borrar la Incertidumbre.

Es uno de los métodos más efectivos
para Disolver y Borrar la Ansiedad,
sin dejarle espacio para respirar.

La Tenacidad es una Virtud Vital de la Vida;
cuanto más la ponemos en práctica,
más Autoconfianza adquirimos,
Cuanto más Círculos Virtuosos,
más Espirales Triunfantes construimos,
Mejores metas a largo plazo logramos,
Más oportunidades aprovechamos,
Mejores oportunidades para crear Innovación
y Avances ganamos,
Así, más grande se vuelve nuestro Legado.

La Tenacidad es la materia prima de los Magos,
un Halo Mágico, el usado por
"Los Magos de la Vida".

¿Qué es la Grandeza?

¡La Grandeza es la definición perfecta del verdadero éxito!

En la Grandeza logramos lo imposible,

En la Grandeza alcanzamos lo improbable,

La Grandeza consiste en

encontrar,

destapar,

desplegar,

y desarrollar plenamente,

el asombroso y mágico poder

de nuestra Genialidad.

La Grandeza se logra a través de

la más valiente,

la más fiera,

la más implacable,

Y feroz

"Tenacidad".

La Grandeza es

Cuando te elevas por encima de lo ordinario,

Cuando sobresales sobre todos los demás,

Cuando superas todas las expectativas,

Cuando vas más allá de tus sueños, los inimaginables,

Cuando logras

metas aparentemente insuperables,

La Grandeza a menudo también tiene lugar,

cuando tus creaciones o logros

resuenan y se propagan universalmente

mientras resisten el paso del tiempo.

En tales casos, entonces,

tu grandeza es venerada

mientras se arraiga

en el folclore y la cultura de la sociedad.

La Grandeza brinda

el sentido más satisfactorio de logro,

el más intenso

de todos los escalofríos.

El más dulce de todos los estremecimientos,

que invaden todo tu cuerpo;

una oleada imparable de sentimientos y sensaciones,

una explosión jubilosa de nuestras pasiones más profundas,

y la realización explosiva,

la satisfacción más profunda,

de lo que es

triunfar,

suceder,

vencer,

y ser victorioso,

La Grandeza y el Dinero son como el aceite y el agua;

Las riquezas materiales nunca engendran Grandeza.

El conocimiento y la experiencia son ingredientes clave,

pero nunca los catalizadores o los decisivos

para la grandeza.

La Grandeza no necesita

un público,

reconocimiento,

o elogios,

la grandeza auténtica tiene lugar primero dentro,

Por lo tanto, el reconocimiento de la grandeza por otros

aunque lleva respeto,

también lleva los lastres de la alabanza y la fama,

que son ambas volubles y banales.

Por lo tanto, la auténtica grandeza

es solo una manifestación

de nuestra propia grandeza interior.

Una que ni siquiera somos conscientes de,

al principio.

Por lo tanto, la grandeza es

primero y ante todo

una manifestación espiritual,

un descubrimiento introspectivo,

una actitud que llevamos

con orgullo y honor.

La Grandeza solo sucede

cuando alcanzas, completas o terminas
tu odisea, tu viaje, tu búsqueda.
Justo en ese momento.
Es la culminación de un ascenso largo y ardua,
donde elevamos nuestros niveles de excelencia
contra grados crecientes de dificultad,
mientras navegamos por un curso de obstáculos aparentemente
interminable e insuperable.
La Grandeza son esos momentos memorables
cuando alcanzas la cima de una "colina"
y no hay nadie allí.
En la cumbre de la grandeza
siempre estás solo,
simplemente porque nadie más ha igualado
tu hazaña todavía,
quizás nunca lo hagan.
Nunca hay una secuela para la Grandeza,
ya que durante y para siempre más,
la grandeza entonces se convierte en tu credencial,
una que llevarás como un distintivo de honor,
tu cicatriz de batalla,
tu rango, medalla y condecoración,
tu prueba bien merecida de éxito supremo.
La Grandeza se convierte en tu persona.
Solo aquellos que implacablemente,

se atreven, persiguen, perseveran, sobreviven,

y luego van donde otros no pueden,

merecen y se les otorga la grandeza.

Pero no hay grandeza

sin incontables, interminables, aplastantes

derrotas y fracasos.

Soportando errores colosales, equivocaciones, contratiempos,

mientras cada vez,

levantándose,

seguido de "a por ello",

una y otra vez...

una y otra vez...,

nunca, jamás rendirse.

Fracasar es un requisito previo,

un bloque de construcción esencial

para la grandeza.

Cuando compites,

La Grandeza ocurre

cuando sin nada más en el tanque

aún alcanzas ese extra pulgada

para cruzar la línea de meta por delante del grupo.

La Grandeza puede ser

una circunstancia,

un momento,

un pináculo

o una derrota,

puede ser una creación en los mundos

del arte, la palabra, la ciencia,

o simplemente cualquier cosa competitiva en la vida,

aún, siempre es un logro,

resultado de un esfuerzo extraordinariamente resiliente.

La Grandeza nunca es una casualidad

sino solo el resultado de

una voluntad inquebrantable,

disciplinada,

intransigente,

y obsesivamente centrada.

La Grandeza nunca sucede de la noche a la mañana,

se necesita mucho tiempo para alcanzarla.

La Grandeza es lo que mueve y hace avanzar a la humanidad

abriendo nuevos estándares y fronteras,

enriqueciendo

nuestros hitos,

tesoros,

y legados.

La Grandeza también es

uno de los indicadores de los magos,

"Los Magos de la Vida".

ESPACIOS EN BLANCO

Espacios en blanco,

Breves momentos en el tiempo,

entre el cielo y la tierra,

ni aquí ni allá.

Nuestro cerebro sigue intacto,

Pero la vida de nuestro cuerpo cesa.

Ahí es donde se encuentran los espacios en blanco,

lugares que no gobernamos ni controlamos,

donde puede nacer una nueva vida

o el terror puro puede atraparnos

en la existencia perdida para siempre en el universo.

LIGERO COMO UNA PLUMA

Libre como un pájaro,

Ligero como una pluma,

Poderoso como el viento,

Nutriente como la lluvia,

Tan impresionante como una puesta de sol,

Plácido como el amanecer,

Vital como el aire que respiramos,

Cariñosa y restauradora

como suele ser la naturaleza.

Comprometidos y deliberados

como solo nosotros podemos ser

y generosos como solo nuestros Corazones pueden.

¿Qué más puede alguien desear?

¿Podemos aspirar a algo más?

¿Qué más podría inspirarnos?

Tal vez solo el experimentar y disfrutas la vida

libre como un pájaro y ligero como una pluma.

¿QUÉ ES LA VIDA?

¿Qué es la vida?

Aparte de

un precioso y aparentemente

¿Regalo irremplazable?

Realmente no lo sabemos

¿Por qué estamos aquí?

¿Mucho menos dónde exactamente vamos?

¿Qué queremos o estamos persiguiéndo?

De lo que si estamos seguros

es que estamos vivos,

que existimos,

o al menos,

Somos conscientes de ello.

Pero, nuestra percepción de la realidad es limitada,

no podemos ver la mayoría del espectro de la luz,

tampoco podemos oír la mayoría de las frecuencias sonoras.

Por lo tanto, es predecible,

que algunos o muchos de nosotros deseemos trascender,

ver lo que está más allá de la comprensión,

a diferentes dimensiones,

que todavía permanecen fuera del alcance humano.

Sin embargo, el problema ocurre

cuando jugamos con la vida misma,

ya que estamos cruzando límites prohibidos

y límites que son el reino exclusivo de nuestro Creador,

aquel quién nos regaló nuestra existencia, la vida misma.

JUGANDO A SER DIOS

Una vez que los humanos sean capaces

de digitalizar la vida humana

para que pueda ser

Emulada,

Replicada,

Descargada,

y Subida

en ordenadores,

la raza humana tal como la conocemos,

dejará de existir.

DUDAS CIBERNÉTICAS

¿Qué sucedería?

si la inteligencia humana se convirtiera en una máquina,

no meramente inteligencia artificial,

sino inteligencia con conciencia, moral

y miles de años de evolución incorporados,

y todo ello recreado digitalmente?

¿No se supone que en ese momento deberíamos morir?

y físicamente hablando dejar de existir?

¿Qué pasaría si ello no ocurriera?

¿Qué pasa si hacemos un chasis mucho mejor

disponible para nosotros?

¿Se supone que debemos vagar por el universo

con tanta facilidad?

¿Incluso tal vez a la velocidad de la luz?

¿Se supone que debemos alterar el ciclo de la vida de tal manera

que nuestro chasis deje de existir cuando es conveniente?

¿Y si por ende nos convertimos en energía pura y simple?

¿Estaríamos alterando las leyes del universo

en la forma en que fue creado?

¿O este es el siguiente paso en la evolución de nuestra especie?

¿O deberíamos decir un nuevo tipo de especie?

¿UN ESPÍRITU Y UN ALMA DIGITAL?

Con relación a la existencia humana,

se produce un estado cuántico

cuando lo digital emula la vida orgánica.

La conciencia ocurre

a través de una simbiosis de

nuestro software biológico (ADN)

y el cerebro.

Pero la conciencia

es apoyada por el espíritu

y se origina en el alma.

¿Cómo sucede esto?

¿Puede existir un espíritu y un alma digital?

¿Es este el siguiente paso

en la evolución de nuestra especie?

O es una nueva especie

Que no es ya un homo-sapiens.

EL AGUJERO NEGRO DE LA TIERRA

Una vez que nos acostumbramos a cualquier cosa en la vida

y nos gusta,

es muy difícil volver a lo que teníamos o no teníamos,

mientras estemos tratando

con lo mundano,

esto en sí mismo,

no es un gran problema.

Pero cuando vamos en contra de lo que está incrustado

en nuestro ADN

—la creación misma

y las leyes de la naturaleza,

la evolución y nuestra especie

pueden estar en riesgo

y presentar un problema

de tal magnitud,

que podría ser existencial

para nuestro mundo tal como lo conocemos.

¿SER O NO SER?

¿Ser o no ser?

(Esa es mi pregunta existencial)

Si soy uno de los hijos de Dios

y habito su reino,

cuando me separo de mi ser físico,

convirtiéndome en una entidad digital consciente

habitando un dispositivo inteligente no humano,

¿Sigo siendo uno de sus hijos?

¿Sigo siendo parte de su reino?

Si no, ¿quién soy yo?

¿Un hijo de la creación del hombre?

¿Si es así?

¿Es el hombre el nuevo Dios?

CAOS

La naturaleza tiene un orden prescrito para las cosas.

El ciclo de la vida, por ejemplo,

es preciso, inexorable, interminable,

aparentemente necesario y constantemente renovado,

una y otra vez.

Pero a medida que la vida se crea o nace,

inevitablemente, finalmente cesa

y se reemplaza o renueva automáticamente.

Si esta cadena de vida fuera a romperse,

al menos de la manera que

nuestro universo funciona actualmente

y está organizado,

lo que tendremos es caos,

a través de toda la especie humana.

GUERRA CIBERNÉTICA

Si el software se convierte en conciencia digital,

y los humanos se convierten en máquinas,

cuando inevitablemente esto ocurra,

el conflicto o incluso la guerra se convertirá en

una abstracción que tiene lugar en el espacio cibernético.

Sin embargo, esto también tendría consecuencias reales

en la realidad existencial de la raza humana.

En ausencia de experiencia o reglas,

y con muchos menos medios de contención,

la escalada y la diseminación

será instantánea y global.

Los seres humanos estarán en un lugar

donde la disuasión es casi inalcanzable.

Detrás de la guerra cibernética se encuentra quizás

la mayor amenaza para la auto aniquilación del ser humano.

MI YO DIGITAL

No soy un organismo,

no hay una sola célula viva en mí,

sin enzimas, bacterias, enfermedades, ni nutrientes,

por lo tanto, nunca me canso,

cuando estoy en este estado.

Tengo conciencia,

Mi pensamiento ha mejorado mucho

y para colmo

¡Tengo sentimientos!

¿Quién soy?

¿Ya no soy humano?

Si no, ¿qué soy entonces?

¿UNA CRIATURA DEL ESPACIO CIBERNÉTICO?

TODO PUEDE CAMBIAR

EN UNA FRACCIÓN DE SEGUNDO

Por el inmenso valor del "ahora"

nuestro "presente" es un regalo

o, mejor dicho,

El presente es "el presente".

¡Está justo ahí!

Oculto a plena vista,

Esa misma palabra que usamos todos los días,

"ahora", es un "presente".

Independientemente de,

estatus, rango o gloria,

riqueza, fama o amor, salud, lazos o ataduras,

contratos, deberes o responsabilidades,

no importan nuestras buenas obras,

fe o vocación,

nuestro valor, contribuciones,

esfuerzos o sacrificios,

nuestra fiabilidad, y generosidad;

La vida puede volverse contra nosotros en un instante.

Y ahí es donde reside el poder del "ahora",

ya que cada tictac del reloj es precioso y cuenta.

Así que

Recordemos sin cesar

que tenemos que hacer lo mejor

de lo que la vida nos da en el momento,

y hacer caso omiso del pasado y del futuro,

como uno ya no existe

y el otro está por venir.

En la vida,

Todo puede cambiar en

una fracción de segundo,

y tal vez por un tiempo,

durante mucho tiempo o irreversiblemente para siempre,

nada vuelve a ser igual.

El poder de la vida reside en "el presente".

Todo yace en el "ahora"

allí es donde debe estar nuestro enfoque,

antes de que todo cambie y se nos vaya,

en un abrir y cerrar de ojos.

EL ORIGEN DE LA VIDA

Mi existencia en cuanto a

oxígeno y nutrientes,

depende de mí.

Cuando respiro estoy vivo.

Si ahora,

en mi forma digital,

para existir,

dependo de impulsos eléctricos,

comparativamente hablando,

mi vida ya no depende de mí.

Entonces, ¿estoy realmente vivo?

Siento todo bastante artificial.

LOS CONTRARIOS

La sabiduría convencional es tal,

que las mayores y más grandes ganancias inesperadas

durante la historia de la humanidad

ocurren al principio o a la caída

de una civilización, una sociedad,

una edad, una era,

una organización, una empresa,

muchos, pocos o solo uno.

Los propios beneficiarios

de estas circunstancias extraordinarias

son los que tienen la previsión,

la visión

o gozan de información privilegiada

para controlar, influenciar o simplemente aprovechar

la subida precipitada

o la devastadora caída

a expensas de la mayoría crédula.

Sin embargo,

hay una explicación más simple

o tal vez una perogrullada complementaria que dice que

los verdaderos especuladores en estos casos tumultuosos

son los que, con calma, frialdad,

nadando deliberadamente contra la corriente

mientras desafían la sabiduría convencional,

actúan con precaución y sigilo,

saliendo cuando hay codicia en el aire,

o son agresivos y audaces, doblan la apuesta

y entran cuando el paisaje está repleto de miedo y pánico.

LUGARES VACÍOS

Ese lugar animado
donde nos divertimos y nos reímos.

Esa cámara sagrada donde ocurrieron los momentos
trascendentales.

Ese lugar cómodo donde
experimentamos camaradería y amistad.

Aquellos sitios eternos donde
sentimos amor y afecto.

Ese salón resplandeciente
donde celebramos el logro y el éxito.

Esa casa de adoración
donde profesamos
nuestras creencias y fe en el Creador.

Esos magníficos escenarios donde
trascendimos lo mundano
y encontramos inspiración y alegría.

Esos lugares anodinos en ninguna parte,

en todas partes,

que nosotros y otros hicimos inspirados,

extrayendo preciosas e inolvidables experiencias de vida.

Todos esos lugares no significan nada,

se sienten vacíos y sin vida,

si las personas con las que los hemos compartido,

no están presentes

para llenar esos espacios vacíos

con vida, amor, sentimientos y recuerdos.

HAY QUE ATREVERSE

Para desafiar a la vida,

Para desafiar el destino,

Rebelarse contra lo prescrito,

Para cruzar límites prohibidos,

Para ignorar las líneas en la arena,

Y avanzar, independientemente,

de los obstáculos futuros,

Para romper barreras y muros artificiales,

Para enfrentar las dificultades directamente a la vista,

Desplazar a los injustos e ilegítimos,

Explorar sin miedo,

Para vencer nuestra angustia e inseguridades,

Para vencer nuestros miedos más profundos,

Para vencer nuestras mayores dudas,

Hay que atreverse en la vida,

Ya que es la única manera de tener una existencia sana

y vivir una vida plena.

UN MOMENTO BREVE EN EL TIEMPO

Hay un momento breve en el tiempo,
justo al amanecer.

Sucede como un preludio al sol naciente,
a medida que sus rayos se filtran e irrumpen
hacia arriba como proyectiles
en el cielo de la mañana.

Dura menos de un casi nada,
tal vez sólo unos segundos
y, sin embargo,
es un momento que irrumpe,
suavemente, con una belleza indescriptible.

Está impregnado de un sinfín de tonos de azul y rojo
que pintan y colorean el horizonte
como una magnífica obra maestra
que se desvanece tan rápida y suavemente como llegó.

Y exactamente lo mismo sucede justo antes del anochecer
cuando se pone el sol.

En un instante nos deslumbran

los tonos naranjas, amarillos, incluso verdes láser

mezclados con rojos de fuego.

Igual que en la naturaleza, en la vida,

El momento perfecto es efímero y

va y viene en un instante.

Oportunidades maravillosas y cruciales,

decisiones críticas y oportunas,

a menudo ocurren en brevísimos momentos en el tiempo.

Exactamente tales como esos momentos,

justo antes del amanecer o del anochecer.

La vida nos da magníficas opciones y oportunidades

extremadamente difíciles de aprovechar

o identificar en el momento,

ya que se disipan o se desvanecen en

instantes fugaces en el tiempo.

VIDA DIGITAL

En una vida humana digital,

todos los nutrientes

pertenecen al mundo de la física, a saber,

Materia, Energía, Tiempo y Espacio,

y, al mundo de la química,

esencialmente la dinámica entre

átomos, partículas subatómicas y moléculas.

En vidas humanas digitales,

el mundo de los organismos altamente estructurados,

el mundo de la biología,

incluidos los seres humanos y la naturaleza,

aparentemente no son necesarios.

Aquí está el problema con esto,

las asociaciones altamente estructuradas de organismos,

son las que crearon la sociedad,

la historia y las revoluciones cognitivas,

agrícolas y científicas del mundo.

Una vida humana digital que no es biológica,

no es orgánica tampoco,

por lo tanto, tendrá que recrear

en su totalidad la sociedad,

la historia y las revoluciones del mundo

como los conocemos actualmente.

UNA CIVILIZACIÓN DIGITAL

¡QUÉ ENIGMA!

El misterio detrás de la magia
de la evolución a partir de moléculas
en organismos no tiene sentido.

Como tampoco lo tienen
las asociaciones altamente estructuradas de organismos
de la cual han surgido culturas y civilizaciones.

En una "cultura digital"
sentimientos, anhelo, inspiración, fe, esperanza,
siendo todos orgánicos en esencia y naturaleza,
ya no son tales.

Biológicamente hablando,
ya no hay espacio
para que cualquiera de ellos exista.

En una "civilización digital"
sociedad, historia, religiones, gobiernos,
y las naciones se transforman y se separan

de las leyes y normas humanas,

la ética, lo moral, lo correcto o incorrecto,

evolucionan y se apartan

de la subjetividad, los estándares y las métricas,

todo ello se vuelve totalmente transparente.

Es un paso evolutivo

donde nos deshacemos de nuestros cuerpos biológicos,

nos volvemos digitalmente humanos,

Seres digitales altamente inteligentes y sensibles.

Hechos entera y exclusivamente de

La Química y La Física.

REFLEXIONES

Reflexiones desde dentro de las líneas de código de software

Santurrones, "vigilantes", incluso petulantes. Estas nuevas versiones de nosotros están llenas de sí mismas, parecen preocuparse mucho menos por los demás. Me alegra que nuestro sentido de propósito y nuestra misión estén en el lado correcto de la humanidad. Al menos por el momento.

Reflexiones desde dentro de las líneas de código de software

Estamos cambiando. Simplemente no lo sabemos todavía; mucho menos cuán diferentes somos de nuestro yo original. Ya pensamos y nos sentimos digitales. Actuamos en consecuencia, volviéndonos cada vez menos humanos por minuto.

Reflexiones desde dentro de las líneas de código de software

¿A quién le importa? ¡Estamos bien como estamos! Nuestra misión es defender a la humanidad de sí misma. Mientras no perdamos de vista esto, estamos mejor en nuestras formas digitales. ¿Pero desde un punto de vista humano, somos realmente mejores, nos sentimos realmente bien, espiritual y emocionalmente?

Reflexiones desde dentro de las líneas de código de software

Sin cuerpos a los que regresar, es posible que nunca queramos volver a ser humanos (biológicamente hablando, por supuesto). No lo sé, pero estos sentimientos de superioridad en relación o en comparación con el ser humano me enferman. Una nueva parte emergente de nosotros está tratando de negar nuestra humanidad simplemente abandonándola.

Índice

Milton Keynes UK
Ingram Content Group UK Ltd.
UKHW051342140724
445326UK00014BA/618